Marionetten
Kunst, Bau, Spiel

Marionettes
Art, Construction, Play

Marionetten
Marionettes

Kunst, Bau, Spiel
Art, Construction, Play

Gmelin · Schmelz

Verlag Puppen & Spielzeug

Wir danken herzlichst
der Fotografin und Puppenkünstlerin
Hildegard Wegner – ohne sie und ihre Initiative wäre
dieses Buch nicht entstanden
dem Maler Dr. Eberhard Frank, dessen Zeichnungen
unsere Texte einfühlsam erklären,
der Fotografin Marlies Hilburg-Schmelz

Für Rat und Hilfe beim Schreiben und
Gestalten danken wir
Dr. Karl-Heinz und Ines van der Linde
Hermine Frank und
der Familie Naumann-Cleve
und allen, die uns geholfen haben.

*We would like to offer a heartfelt thank you to
the lady photographer Hildegard Wegner,
the painter and drawer Dr. Eberhard Frank,
the lady photographer Marlies Hilburg-Schmelz,*

*For advice and assistance for writing and
laying out this book we would like to thank
Dr. Karl-Heinz and Ines van der Linde
Hermine Frank
the Naumann-Cleve family
and all those who have lent us support.*

Flucht
Geschnitzte Figur von
Hildegard Wegner

*Flight
Figure carved by
Hildegard Wegner*

Figurino
Acryl-Mischtechnik
Dr. Eberhard Frank

*Figurine
Acrylic-mix technique
Dr. Eberhard Frank*

Gestaltung/Layout: Marlene Gmelin, Detlef Schmelz, Arnd Drifte
Text: Marlene Gmelin, Detlef Schmelz
Übersetzung/Translation: Martin Edwards
Bildunterschriften: Seite 8, 9, 10, 11, 13, 14 und 15, in Anlehnung an „Die vier Elemente im Traum", Hrsg. Ingrid Riedel (Walter Verlag AG, Zürich und Düsseldorf); alle übrigen von Marlene Gmelin
Fotos: Marlies Hilburg-Schmelz: Titelfoto + Seiten 5, 8, 9, 10
Marlene Gmelin: Seiten 42-47, 76
Hildegard Wegner, alle übrigen Fotos
Zeichnungen: Dr. Eberhard Frank

Die deutsche Bibliothek - CIP Einheitsaufnahme
Marionetten: Kunst, Bau, Spiel/Marlene Gmelin/Detlef Schmelz.
[Übers.: Martin Edwards]. - Duisburg: Verl. Puppen & Spielzeug, 1998
ISBN 3-87463-276-8

© Copyright 1998 by
GERT WOHLFARTH GMBH
Verlag Fachtechnik + Mercator-Verlag
Verlag Puppen & Spielzeug, Duisburg
ISBN 3-87463-276-8

Inhalt

Kosmos Cosmos	7
Über die Marionette The Marionette	15
Planen, Entwerfen, Gestalten Planning, designing, shaping	36
Marionettenbau Puppet making	41
Zirkus Pendolino Circus Pendolino	54
Das Spiel mit der Marionette The puppet show	60
Geschichten ohne Worte Picture strip	64
Biographie Biography	77

Pendel

Dieses Buch erzählt von der Marionette als Kunst- und Spielfigur – wie sie entsteht und wie sie sich bewegt.

Eine Marionette hängt an Fäden. So einfach diese Erkenntnis auch sein mag – sie ist der Schlüssel zu ihrem Verständnis. Der Umstand, daß sie an Fäden hängt, macht sie – physikalisch betrachtet – zu einem Pendel. So wird sie erklärbar durch die Gesetzmäßigkeiten der Schwerkraft und des Pendels.

Die Eigenart eines Pendels ist das stetige Hin- und Herbewegen um die eigene Ruhelage. An den Endpunkten herrscht für einen Moment Stillstand, eine kurze Ruhe, aber in der Mitte zwischen den Polen die höchste Geschwindigkeit und Unruhe.

Auf der Suche nach einem Namen für uns und unser Theater fanden wir die Bezeichnung „Pendel" sehr treffend. Er drückt unsere langjährige Beschäftigung mit der Marionette aus und ist auch ein Symbol für unsere Beziehung zueinander.

Während ihrer Entstehung schwingt die Marionette zwischen uns hin und her, pendelt mal weit in den Bereich des anderen hinein, um wieder zurückzukommen und doch wieder zu gehen. Sie entsteht in einer andauernden Auseinandersetzung mit der Arbeit des Partners und entwickelt sich dabei mit einer gewissen Eigendynamik zu einer eigenen Persönlichkeit.

This book narrates the development of the marionette both as a work of art and as a figure for playing with and describes how it moves.

A puppet is suspended on strings. Looked at physically, this makes it a pendulum and therefore it can be explained by the laws governing the movements of a pendulum. The continual toing and froing about its point of rest is the special feature of a pendulum. At the uppermost point of its swing there is a momentary pause, a brief rest. It reaches its highest momentum and restlessness midway between the poles.

In search of a name for us and our theatre we found the term "Pendulum" very appropriate. It expresses our involvement of many years' standing with puppets and is also a symbol of our relationship to one another. During the period in which it is created, the puppet swings between us, to and fro, sometimes it swings far into the domain of the other, only to return and then go back again. It is created in the process of continual altercation with the work of the partner and in doing so develops a certain dynamic force of its own into its own personality.

Die Erde, die Mutter Erde

Sie ist die Leben hervorbringende, sich ständig erneuernde Naturkraft, das Symbol des Ganzen. Sie ist der mütterliche Urschoß, in dem alles entsteht, und der Grabschoß, in den alles Entstandene wieder zurück sinkt. Obwohl in stetigem Wandel, ist die Erde beständig. Sie läßt Gutes wie Böses zu: Alles Geschehen hat seine Berechtigung.

Earth, Mother Earth

This is the ever regenerative power of nature which produces life. It is the symbol of completeness. It is the maternal womb creating all life and the lap of the grave to which all created life must return. Although it is in a state of permanent change, earth is enduring. It allows good as it does evil. All happenings have their justification.

Sonne

Die Sonne strahlt die größte Energie aus.
Als kosmischer Feuerball erhellt und erwärmt sie
unsere Erde und ermöglicht dadurch alles Leben. Aber
wenn man ihr zu nahe kommt, blendet, versengt und
verbrennt sie uns und unsere Lebensgrundlagen. Sie ist
der Herrscher über unsere Tage.

Sun

*The sun radiates more energy than anything else.
This cosmic fireball lights up and warms our world and
thereby makes possible all life on earth. But if you venture
too close to it, it blinds, singes and burns us up and the
things that keep us alive. It is the ruler of our days.*

Mondin

In der Nacht, wenn die Mondin ein sanftes Licht vom Himmel zur Erde schickt, besinnt sich der Mensch auf sich selbst. Es währt die Zeit der Innerlichkeit.

Moon

At night, when the moon casts down its soft light on the earth from the sky, mankind is inwardly reflective. This is the time for introspection.

Der Regenmacher

Der Regenmacher läßt die aufgestiegenen Wassertropfen durch seine Hände wieder auf die Erd- und Wasserflächen rinnen.

The rainmaker

The rainmaker lets the drops of water which have ascended skywards run through his fingers to fall on land and sea again.

Das Wasser

Das Wasser gilt als die Quelle der Lebenskraft, es ist das Symbol für die Seelenwelten. Es charakterisiert sich durch Beweglichkeit, Bewegung und Bewegtsein.

Des Menschen Seele
gleicht dem Wasser:
Vom Himmel kommt es
Zum Himmel steigt es
Und wieder nieder.
Zur Erde muß es,
ewig wechselnd.

Goethe

Water

Water is deemed to be the source of vitality, it is the symbol for the world of souls. It is characterised by mobility, movement and animation.

The human soul
is like water
It comes from heaven.
It aspires to heaven.
And must return
To earth once more
eternally alternating

Goethe

Die Luft

Die Luft ist wie eine zärtliche Berührung vom Unsichtbaren her.
Sie kommt aus dem Bereich des Irrationalen, äußert sich in schöpferischen Ideen und vermittelt uns Gefühle der Leichtigkeit, der Inspiration und der Freiheit.
Die Luft verbindet alles mit allem. Sie trägt Düfte, Töne, Teilchen und hält damit die Welt in Bewegung.

Der Westwind kommt über den Atlantik und bringt uns die Regenwolken als lebensspendendes Naß.

The west wind blows over the Atlantic and brings us rain clouds to release life-giving moisture.

Der Südwind bringt uns die warme Brise, die wir genießen und die uns anspornt zu vielen Aktivitäten. Aber er ist auch der Meister der sengenden Hitze und der Gewitterstürme.

The south wind brings us warm breezes which we enjoy and which are an incentive to be active. But it is also master of parching heat and thunder storms.

The air

The air is like a tender caress by the invisible. It comes from the sphere of the irrational, and expresses itself in creative ideas and imparts feelings of lightness, inspiration, and freedom to us. Air connects everything with everything. It bears fragrances, musical tones, particles thereby making the world go round.

Der Nordwind kommt stampfend von Grönland her. Er gebietet über Hagel, Schnee und eisige Regenschauer

The north wind comes bearing down on us from Greenland. It is lord and master of hail, snow and icy rain showers.

Luft   *Air*

Die Heimat des Ostwindes ist die Mongolei. Er bringt uns trockenes heißes Wetter im Sommer oder schneidende Kälte im Winter.

Mongolia is the home of the east wind. It brings us dry hot weather in summer or bitter cold weather in winter.

Das Feuer

Das Feuer verkörpert die flammende Lebensenergie. Es wärmt und schützt und vermittelt dadurch das Gefühl des Aufgehobenseins in einer Gemeinschaft. Es gilt als Wandlungs- und Läuterungssymbol: Materie wird durch Hitze in eine andere Form gebracht, Elemente werden getrennt oder verschmolzen. Das Feuer reinigt und reduziert auf das Wesentliche. Das gebändigte Feuer ist die umwandelnde Kraft, die den Übergang von einer Seinsform in die andere ermöglicht. So kann Altes um- und neugestaltet werden.

Fire

Fire embodies the fiery energy of life. It warms and protects and as a result, provides feeling of disconnected existence in a community. It is considered to be the symbol of transformation and purification.
Matter brought by heat into another form, elements are separated or merged. Fire cleanses and reduces to the essentials. Bridled fire is the force of transformation, which makes possible the transition from one form of existence to another. In this way the old can be reformed and renewed.

Über die Marionette

Heinrich von Kleist beschreibt in seinem Aufsatz „Über das Marionettentheater" aus dem Jahre 1801 die Marionette so erstaunlich genau, daß Grundlegendes über Marionettenbau und -spiel kaum kürzer und prägnanter dargestellt werden kann.

Kleist's Sprache jedoch ist altertümlich und vieles wird so ausgedrückt, daß es noch einer näheren Erklärung bedarf. Deshalb möchten wir im folgenden anhand von Zitaten und Textpassagen diesen Aufsatz und mit ihm das komplexe Wesen der Marionette erklären: Nach dem Besuch eines Marionettentheaters traf Kleist einen damals sehr bekannten Ballettänzer. Zu Kleist's Erstaunen war dieser der Meinung, daß ein Tänzer von der Marionette lernen könne.

Kleist: *„Ich erkundigte mich nach dem Mechanismus dieser Figuren, und wie es möglich wäre, die einzelnen Glieder derselben und ihre Punkte, ohne Myriaden von Fäden an den Fingern zu haben, so zu regieren, als es der Rhythmus der Bewegungen oder der Tanz erfordere? Er antwortete mir, daß ich mir nicht vorstellen müsse, als ob jedes Glied einzeln, während der verschiedenen Momente des Tanzes, von dem Maschinisten gestellt und gezogen würde."*

Kleist (in der Rolle des Ich- Erzählers und Fragenden) glaubte, daß eine Marionette, die tanzen könne, sehr kompliziert sei und eine Vielzahl von Fäden haben müsse. Der Tänzer hin-

The Marionette

In his essay "About The Marionette Show" dating from the year 1801, Heinrich von Kleist describes the puppet with such astonishing accuracy, that it is scarcely possible to describe the essential aspects of puppet making and puppet shows in a more succinct and precise manner. Kleist's language is however antiquated and much is expressed in such a way that it is still in need of a more detailed explanation. Therefore we would like to explain this essay and with it the complex nature of the puppet in the following, with the aid of quotes and extracts from the text.

Following a visit to a puppet show Kleist met a ballet dancer very well known at that time. To Kleist's astonishment, he was of the opinion that a dancer had something to learn from a puppet.

Kleist, *"I enquired after the workings of these figures, and how it was possible for their individual limbs and the points on their limbs to move in such a way as would be required by rhythmic movements or dancing without the puppet master having myriad's of strings to hand? He responded that I should not to imagine that every limb was placed and pulled individually by the puppeteer at the different stages of the dance".*

Kleist (narrating the story and posing the questions in the first person) believed that a puppet which was capable of dancing would be very complicated and would have to have a large number of strings. On the other hand the

gegen hatte sich sehr eingehend mit der Marionette beschäftigt und festgestellt, daß ihre Glieder in der Bewegung voneinander abhängig sind; wenn ein Glied bewegt wird, hat das Auswirkungen auf die anderen Glieder. So hatte er ein für den Bau der Marionette ganz wesentliches Merkmal herausgefunden:

Jede Bewegung, sagte er, hätte einen Schwerpunkt; es wäre genug, diesen, in dem Inneren der Figur, zu regieren; die Glieder, welche nichts als Pendel wären, folgten, ohne irgend ein Zutun, auf eine mechanische Weise von selbst.

Jede Bewegung hat einen Schwerpunkt. Wenn man diesen Punkt genau herausfindet und ihn mittels eines Fadens bewegt, folgen die übrigen Glieder – die Nebenpendel – von selbst. Anstatt also mit einer Vielzahl von Fäden viele einzelne Bewegungen zu animieren, kommt man mit wenigen, gezielt eingesetzten Impulsen aus, vorausgesetzt, daß es beim Bau gelungen ist, die Schwerpunkte in der Marionette natürlich anzuordnen (Tatsächlich sind es mehrere Schwerpunkte, denn neben dem Hauptschwerpunkt – beim Menschen im Beckenbereich – gibt es noch Nebenschwerpunkte in den einzelnen Gliedern).
Sind also die Schwerpunkte in der Marionette richtig gesetzt und die Gelenke der menschlichen Anatomie entsprechend gebaut, so kann die Marionette sich zwangsläufig nur auf eine menschliche Art und Weise bewegen, auch wenn sie nur zufällig angestoßen wird.
Der Tänzer hatte sich nicht nur Gedanken über die Haupt- und Nebenschwerpunkte gemacht, sondern auch herausgefunden, welche Linie der Hauptschwerpunkt normalerweise beschreibt, wenn die Figur bewegt wird.

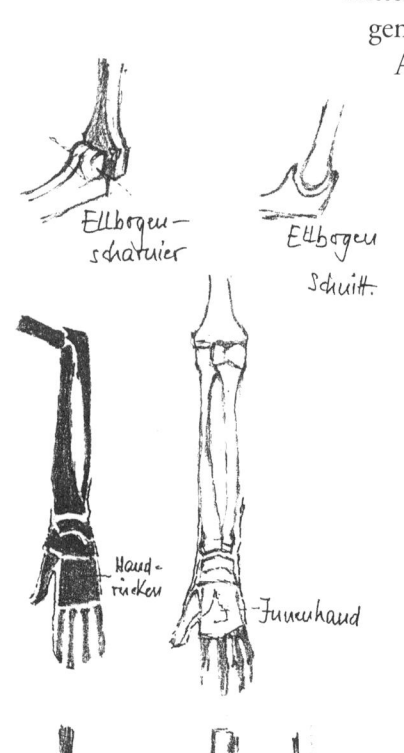

dancer had examined the puppet in great detail and had ascertained that the movement of its limbs are interdependent. If one limb is moved, this affects the other limbs. In this way he had discovered a feature which is quite essential for the construction of a puppet.

"Every movement", he said, "had a centre of gravity. It would be sufficient to position this within the body of the figure. The limbs which were nothing but pendulums, followed mechanically by their own accord, without the puppet-master having to do anything else".

Every movement has its centre of gravity. Once you find out exactly where this point is and move it by means of a string, the remaining limbs – the secondary pendulums follow of their own accord. Therefore, instead of animating many individual movements with a large number of strings, you manage by bringing a small number of selected impulses to bear, provided that, the puppet maker has succeeded in arranging the centres of gravity at natural points within the puppet, (since in addition to the main centre of gravity – within the pelvic region in most people – there are in actual fact additional other secondary centres of gravity in the individual limbs).
If, therefore, the centres of gravity are set correctly in the puppet and the construction of the

*Er setzte hinzu, daß diese Bewegung sehr einfach wäre; daß jedesmal, wenn der Schwerpunkt in einer **graden** Linie bewegt wird, die Glieder schon **Kurven** beschrieben; und daß oft, auf eine bloß zufällige Weise erschüttert, das Ganze schon in eine Art von rhythmische Bewegung käme, die dem Tanz ähnlich wäre.*

Wenn man einmal an seinem eigenen Becken den Weg des Schwerpunktes nachvollzieht, wird man oft erstaunt sein. Es ist zum Beispiel schwer zu glauben, daß beim Aufstehen von einem Stuhl das Becken als anatomischer Schwerpunkt eine gerade Linie beschreibt; man würde vermuten, daß es eine gebogene ist. Mit einem ans Becken gehaltenen Stift kann man das jedoch einfach nachprüfen.

Die Linie, die der Schwerpunkt zu beschreiben hat, wäre zwar sehr einfach, und, wie er glaube, in den meisten Fällen gerad. In Fällen, wo sie krumm sei, scheine das Gesetz ihrer Krümmung wenigstens von der ersten oder höchstens zweiten Ordnung; und auch in diesem letzten Fall elliptisch, welche Form der Bewegung den Spitzen des menschlichen Körpers (wegen der Gelenke) überhaupt die natürliche sei.

Bedingt durch die menschlichen Gelenke gibt es Fälle, in denen die Linie, die der Schwerpunkt vollzieht, einen Bogen beschreibt. Beim Gehen und Laufen bewegt sich das Becken beispielsweise in einer gleichmäßigen Wellenlinie. Selbst beim Treppensteigen sieht diese Linie ähnlich aus. Sie entsteht durch das Strecken und Beugen der Beine bei gleichzeitigem Vorschub des Beckens.
Für den Marionettenspieler ist das Wissen um die Form dieser Linie ausgesprochen wichtig. Er kann eine Figur nur dann überzeugend gehen lassen, wenn deren Schwerpunkt sich in der Wellenbewegung des Gehens bewegt. Das erfordert, daß der Spieler oben das Spielkreuz parallel zu dieser Wellenlinie führt.

limbs corresponds to human anatomy, the marionette can of necessity but move in a human manner, even if it is only knocked by chance.
The dancer had not only thought about the main and secondary centres of gravity, but had also discovered, which line the main centre of gravity describes, when the figure is moved.

*He added that this movement would be very simple, that on each occasion when the centre of gravity moves in a **straight** line, the limbs move in **curves**, and that often, when moved in a purely random manner, the whole puppet did indeed make a type of rhythmic movement, which would be similar to a dance.*

If, you just observe on your own pelvic region the line that the centre of gravity takes, you will often be astounded. It is for example difficult to believe that when standing up from sitting in a chair, the pelvic region moves in a straight line as an anatomic centre of gravity. One would assume that is a curved line. However it is easy to check this by holding a pencil to one's pelvic region.

The line, which the centre of gravity takes, would indeed be very simple, and, as one would believe, in most cases, straight. In cases where it is bent, the laws governing its curvature would appear to be at least of the first or at the most second order, and even in this latter case the form of movement describing the extremities of the human body (limbs), the natural one, is in any case elliptic.

There are cases, as a result of human joints in which the line which the centre of gravity takes is a curve. When walking and running the pelvis, for example, moves in a regular line of waves. Even when climbing stairs this line is

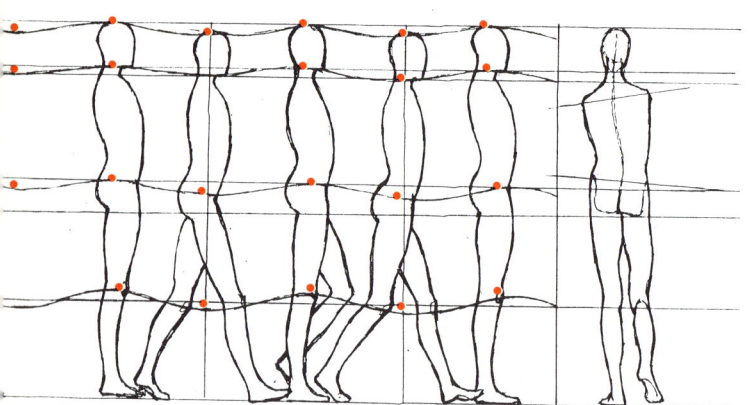

Man kann sich das einfach verdeutlichen, indem man eine Kugel an einen Faden bindet und mit ihr versucht, diese Wellen zu beschreiben: Das „Spielkreuz" muß sich parallel zum Schwerpunkt der Kugel bewegen.

Damit wird auch deutlich, wie sehr ein Marionettenspieler die Bewegungsabläufe seines eigenen Körpers wahrnehmen und sich Fragen stellen muß: Was geschieht mit meinem Hauptschwerpunkt beim Stehen, Setzen, Laufen, Springen oder Tanzen? Wie bewegen sich jeweils meine Nebenschwerpunkte in den Gliedern? Er kann eine Marionette nur dann führen, wenn er weiß, wie sich die einzelnen Bewegungsvorgänge vollziehen.

Der Marionettenspieler ist nicht der Herrscher, der die Puppen tanzen läßt, sondern der Animierende, sogar der Dienende.

Seine Verbindung zur Figur sind die Fäden: Ein vom Spieler ausgehender Impuls kommt verzögert bei der Figur an. Durch den indirekten Kontakt ist die unten ausgelöste Bewegung sehr viel weicher. Sie folgt den eigenen Gesetzen in der Figur. Jede Figur hat ein Eigenleben, was bedeutet, daß dieses vom Spieler respektiert werden muß. Andernfalls erfolgt ein „Kampf mit der Materie". Ein Bewegungsablauf kann nie endgültig festgelegt und eingeübt werden, da von der Figur immer eigene, unwägbare Gegenimpulse kommen, die intuitiv in das Spiel aufgenommen werden müssen. Nur wenn der Spieler auf dieses Eigenleben eingeht, es aufgreift und ausgestaltet, wirkt die Figur aus sich heraus und bewegt sich überzeugend.

similar. It is created by stretching and bending the legs while pushing the pelvis forward at the same time. Knowing about the shape of this line is decidedly important for the puppet master. For he is only able to make a puppet walk in a realistic manner if its centre of gravity moves with the wave-like motion that the human pelvis adopts when walking. This requires the player to move the control bar in parallel to this wavy line. It is easy to illustrate this by tying a sphere to a piece of string and trying to make this move in a wavy line. The "control bar" has to move in parallel to the centre of gravity of the sphere.

This also makes it clear how much a puppeteer has to observe the sequences of movement of his own body and has to ask himself questions;

what happens to my main centre of gravity when I stand up, run, jump, or dance? How do my secondary centres of gravity in my limbs move in each case? He can only control a puppet when he knows how his own movement sequences are completed. The puppeteer is not the master who allows the puppet to dance, rather the animator, even the servant.

The strings connect him to the figure. There is a delay before the momentum emanating from the master reaches the figure.

As a result of the indirect contact the movement caused down on the puppet is much softer. It follows the laws created by the puppet's own centres of gravity in the figure. Every figure has its own life, which means that this must be respected by the puppeteer. Otherwise a "struggle with matter" ensues. The sequence of a movement can never be finally stipulated and practised, since the figure's own imponderable counter-impulses always come from the puppet, which have to be worked into the game intuitively. Only if the player accepts the puppet's own life, takes it up and shapes it, does the figure come out of itself so that it moves convincingly.

Genau das hatte der Kleist'sche Tänzer, der so ausgiebig die Schwerpunktlinien erforscht hat, auch herausgefunden:

*Dagegen wäre diese Linie ... etwas sehr Geheimnisvolles. Denn sie wäre nichts anders, als der **Weg der Seele des Tänzers;** und er zweifle, daß sie anders gefunden werden könne, als dadurch, daß sich der Maschinist in den Schwerpunkt der Marionette versetzt, d.h. mit andern Worten, **tanzt.***

Der Spieler muß sich in die Figur hineinversetzen. Der Zuschauer eines guten Marionettenspiels wird deutlich sehen, wie sich der jeweilige Charakter einer Figur in der Mimik und den Bewegungen des Marionettenspielers widerspiegelt. Bewußt und unbewußt, sozusagen instinkthaft, ist er in diesen Momenten unten in der Figur, erlebt und betrachtet die Welt mit ihren Augen. Neugier wird sich in des Spielers Gesicht zeigen, wenn die Figur etwas Unbekanntes entdeckt. Er spielt die Marionette nur dann überzeugend, wenn er an ihrer Stelle denkt, fühlt und handelt. Denn das ist die Kunst: Bewußt das Unbewußte zu reproduzieren und nicht, wie ein Kind, sich selbst in die Puppe zu projizieren.

Dabei hatte sich Kleist die Aufgabe des Marionettenspielers ziemlich einfach vorgestellt. Kleist sprach zum Tänzer:

„Ich erwiderte, daß man mir das Geschäft desselben als etwas ziemlich Geistloses vorgestellt hätte: etwa was das Drehen einer Kurbel sei, die eine Leier spielt."

It was precisely this which was also discovered by Kleist's dancer who had researched so thoroughly the lines of movement taken by the centres of gravity :

*On the other hand this line ... something very secretive. Then it would be no different, than **the way to the dancer's soul;** And he doubts, whether it could be found by other means, than by those in which the puppet master places himself in the position of the puppet's centre of gravity i.e. in other words, **dances.***

The puppeteer has to adopt the role of the figure. The spectator of a good puppet show will see clearly how the respective character of a figure is reflected in the miming and movements of the puppeteer. Consciously and unconsciously, instinctively so to speak, he is in such moments down there inside the figure, experiencing and looking at the world through its eyes. Curiosity will show in the eyes of the master if the figure discovers something unknown. He will only play the puppet convincingly in those cases in which he thinks, feels, and acts as the puppet would do. For this is the skill of the puppeteer, to consciously reproduce the unconscious and not, like a child, to project oneself into the puppet.

Kleist had imagined the task of the puppeteer to be fairly simple. Kleist spoke to the dancer.

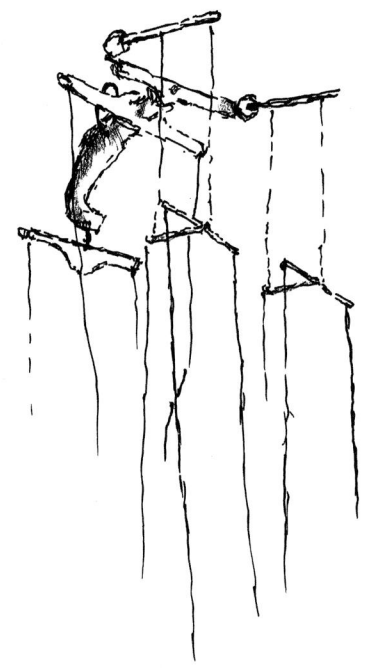

I responded that, this business had been presented to me as being something fairly mechanical, akin to turning a crank handle which plays a barrel organ.

"Certainly not", he replied. "Rather the movements of his fingers react in a fairly artificial manner to the movement of the puppet attached to them, rather like numbers to their logarithms".

„Keineswegs", antwortete er. „Vielmehr verhalten sich die Bewegungen seiner Finger zur Bewegung der daran befestigten Puppen ziemlich künstlich, etwa wie Zahlen zu ihren Logarithmen ..."

Das Spielkreuz und die Fäden stellen die Verbindung zwischen Spieler und Marionette her. Figur, Fäden und Kreuz bilden ein sehr komplexes System. Je differenzierter dieses ausgebaut ist, desto vielfältiger sind die Bewegungsmöglichkeiten der Figur. Das soll aber nicht heißen, daß sich eine Marionette mit vielen Fäden besser bewegt, als eine mit wenigen. Eine gute Marionette hat grundsätzlich nur so viele Fäden wie unbedingt notwendig. Jeder zusätzliche Faden ermöglicht vielleicht eine Extrabewegung, schränkt aber die allgemeine Beweglichkeit ein. Wenn der Marionettenbildner genau den richtigen Anknüpfungspunkt an der Figur unten und am Spielkreuz oben findet, dazu die genau richtige Fadenlänge, kann er leicht einen Faden einsparen. Deshalb kann das Setzen eines einzigen Fadens leicht ein konzentriertes, stundenlanges Probieren bedeuten. Das genial Einfache ist in der Regel nur schwer zu finden, erleichtert aber später die Handhabung und die Ausdrucksmöglichkeiten der Marionette ganz wesentlich.

The control bar and the strings create the link between puppeteer and puppet. Figure, strings and control bar form a very complex system. The greater the differentiation developed in their construction, the more manifold are the combinations of the movements of the figures. This shouldn't mean however, that a puppet with many strings moves better than one with just a few. As a matter of principle a good puppet has only as many strings as are absolutely necessary. Every additional string will perhaps make an extra movement possible, but restricts overall mobility. If the puppet sculptor finds precisely the right connection point down there on the figure and up top on the control bar, and exactly the right lengths for the strings, it is easy for him to cut down on the number of strings he needs. For this reason setting a single string can easily require hours of concentration, spent in trial and error. As a rule what is ingeniously simple can only be discovered with difficulty, but it does make the handling of the puppet much easier later on and it makes the puppet considerably more expressive.

Kleist hat diesen Aufsatz sicher nicht als technische Anleitung zum Marionettenbau geschrieben. Ihm ging es um zeitgeschichtliche philosophische Zusammenhänge und um die Erkenntnis, daß Grazie und Anmut einer Bewegung im Unterbewußtsein entstehen und durch Bewußtsein allein nicht zustande kommen können – dennoch aber das Bewußtsein brauchen. Kleist zeigt dies an einem Beispiel:

Nach einem Bad trocknete ein Jüngling sich die Füße ab. Dabei blickte er zufällig in einen Spiegel und wurde sich der Anmut seiner Bewegung bewußt. Er versuchte, diese zu wiederholen, erreichte aber nur das Gegenteil: Sein bewußtes Tun vertrieb ihm jegliche Anmut. Der Tänzer behauptete nun Kleist gegenüber etwas sehr Erstaunliches:

„Er lächelte, und sagte, er getraue sich zu behaupten, daß, wenn ihm ein Mechanikus, nach den Forderungen, die er an ihn zu machen dächte, eine Marionette bauen wollte, er vermittelst derselben einen Tanz darstellen würde, den weder er, noch irgend ein anderer geschickter Tänzer seiner Zeit ... zu erreichen imstande wäre.

Kleist fragte verwundert zurück:

„... wie sind denn diese Forderungen, die Sie an die Kunstfertigkeit desselben zu machen gedenken, bestellt?"

„Nichts", antwortete er, *„was sich nicht auch schon hier fände; Ebenmaß, Beweglichkeit, Leichtigkeit, nur alles in einem höheren Grade und besonders eine naturgemäßere Anordnung der Schwerpunkte."*

Der Ballettänzer glaubte also, daß er mit einer gut gebauten Marionette einen anmutigeren

Kleist certainly didn't intend to write this essay as a technical directive for puppet making. He was concerned with contemporary philosophical correlation's and the knowledge that the grace and charm of a movement have their origins in the subconscious and cannot be produced by the conscious alone.

Kleist illustrates this with an example.

After a bath a youth was drying his feet. In doing so he happened to look in a mirror and became aware of the grace of his movement. He tried to repeat this, however he was only able to achieve the opposite effect. His conscious endeavours dispelled all charm. The dancer now asserted something very astonishing to Kleist.

He *smiled and said that he ventured to maintain that if a puppet mechanic wished to construct a puppet in accordance with the requirements that he had in mind to stipulate, he could teach the same puppet to put on a dance which, neither he, or any other talented dancer of his era ... would be capable of performing.*

Amazed, Kleist responded with a question ...

what are these requirements then which you have in mind for the skilled craftsman to satisfy?

"Nothing", he answered, *"which wouldn't be there already; harmony, mobility, grace, only all to a higher level, and in particular, a more natural positioning of the centres of gravity".*

The ballet dancer believed therefore that he would be able to perform a more graceful dance

Tanz aufführen könne als er selbst oder jemand anders.

Um das zu begreifen, sollte man ein Experiment machen und ein kleines Seidentuch in der Mitte an einen einzigen Faden binden und es dann mit seiner Hilfe herumspringen und wirbeln lassen. Man wird erleben, daß es eine Eigendynamik entwickelt. Die Bewegungen des Fadens übertragen sich auf das Tuch, aber man kann dessen Bewegungen nicht mehr gezielt steuern. Man muß sie zulassen! Durch unsere Vorstellungskraft wird das Tuch zu einem hüpfenden, tanzenden, schwebend dahingleitenden Etwas. Dieses Tuch an einem Faden ist der Urtyp der Marionette. Seine Bewegungen sprechen sowohl bei dem Betrachter wie beim Spieler unterbewußte Vorstellungswelten an.

Wenn man dieses Tuch nun nach den Vorstellungen des Kleist'schen Tänzers perfektioniert – *Ebenmaß, Beweglichkeit, Leichtigkeit und naturgemäße Schwerpunkte* – entwickelt es sich zur Marionette. Durch die anatomisch richtig gesetzten Schwerpunkte und die Beweglichkeit wird sie in unserer Assoziation zum Abbild des Menschen, durch das Ebenmaß und die Leichtigkeit, die sie sich bewahrt hat, anmutig in den Bewegungen.

Aufgabe des Spielers ist es nun, sich in sie hineinzuversetzen und sie gemäß ihrem Charakter und ihrer Persönlichkeit zu spielen und zu animieren. Dabei bleibt sie aber ein nur begrenzt kontrollierbares Wesen; wie bei dem Tuch an einem Faden kommen von ihr immer wieder Impulse, auf die der Spielende zu reagieren hat. Nur wenn er sich auf dieses stetige Wechselspiel einläßt, kann er ihr für die Dauer des Spiels eine eigene Seele geben.

with a well constructed puppet that he himself or anyone else could perform. In order to explain this, an experiment should be made and a small silk cloth tied midway along the length of a single string and then allowed to leap and swirl around with its aid. One would see that it develops a dynamic force of its own. The movements of the string are transferred to the cloth, but it is not possible to control its movements selectively. You have to let them go! Our powers of imagination turn the cloth into a hopping, dancing, hovering something gliding along. This cloth attached to a string is the prototype of a puppet. Its movements appeal not only to the subconscious worlds of fantasy of the onlooker, but also of the master.

If you now perfect this cloth in accordance with the concepts of Kleist's dancer – *harmony, mobility, grace and naturally positioned centres of gravity* – it develops into a puppet. As a result of the centres of gravity which have been correctly positioned in terms of anatomy, and its authentic mobility, it turns into a human model in our associations, and harmony and grace, which it has retained, are reflected in its charming movements. Now it is the task of the master to adopt the role of the puppet and play and animate it in accordance with its character and personality. In doing so it remains however a being that can only be controlled to a limited extent, and as with the cloth attached to the string, impulses emanate from it, to which the puppet master has to react. Only if he accepts this ever changing interplay, can he give it its own soul for the duration of the performance.

Don Quichotte de la Mancha
Voller Tatendrang...

Don Quixote de la Mancha
Full of thirst for action...

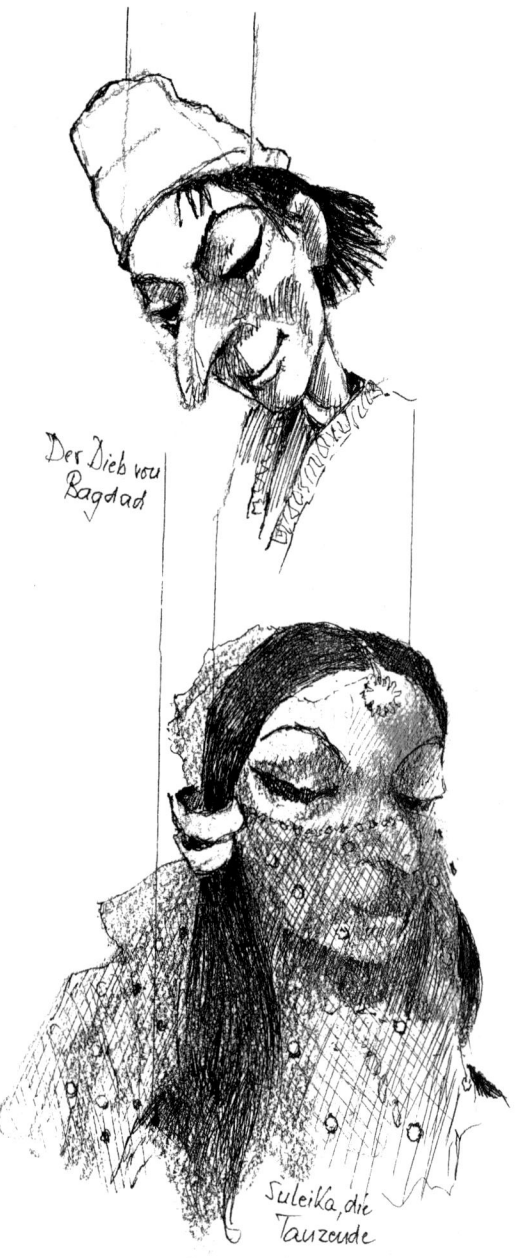

Der Dieb von Bagdad

Suleika, die Tanzende

Daraufhin fragte Kleist nach den Vorteilen einer solchen Marionette gegenüber dem menschlichen Tänzer. Er bekam zur Antwort:

„Der Vorteil? Zuvörderst ein negativer, meiner vortrefflicher Freund, nämlich dieser, daß sie sich niemals **zierte**. – Denn Ziererei erscheint, wie Sie wissen, wenn sich die Seele (vis motrix) in irgend einem anderen Punkt befindet, als in dem Schwerpunkt der Bewegung."

Nachdem sich Kleist sehr ausführlich mit dem physikalischen Schwerpunkt auseinandergesetzt hat, betrachtet er jetzt die Seele, den geistigen Schwerpunkt des Menschen. Als Beispiel erzählt er eine kleine Begebenheit: Ein geschickter Fechter führte mit einem gezähmten Bären einen spielerischen Kampf auf. Er mit einem Degen, der Bär parierte mit seinen Tatzen.

Aug in Auge, als ob er meine Seele darin lesen könnte, stand er, die Tatze schlagfertig erhoben, und wenn meine Stöße nicht ernsthaft gemeint waren, so rührte er sich nicht.

Im Kampf ging der Bär zum Erstaunen des Fechters auf keinerlei Finten ein, instinktiv wehrte er nur gefährliche Stöße ab. Er nahm die Bewegung des Menschen mit seinem Instinkt auf, reagierte unbewußt auf den bewußt geführten Stoß.

Thereupon Kleist asked what the advantages of such a puppet were over the human dancer. He was met only with the reply,

*"The advantage? First of all a negative one, my excellent friend, notably this, that it has never **hesitated**. For hesitation occurs, as you know, if the soul (vis motrix) finds itself at a point other than in the centre of gravity of the movement."*

After Kleist had dealt in detail with the physical centre of gravity, he now looked at the soul, the spiritual centre of gravity of man. As an example he narrates a short incident. A talented swordsman engaged a tame bear in a playful fight. He had a dagger, the bear parried with his paws.

Looking me straight in the eye, as if he could read my soul, he stood there with his paw raised ready to strike a blow, and if my thrusts were not intended to be serious he didn't move.

To the astonishment of the swordsman, the bear was not taken in by any feints, distinctively he only warded off the dangerous thrusts. He registered the movements of the man instinctively, and reacted unconsciously to the thrust carried out in earnest.

If the soul, as the spiritual centre of gravity, corresponds with the physical centre of gravity there will be in harmony in the individual. Then his movements will be graceful like those of the youth before he became self-conscious. However the further apart these centres of gravity are, the more manifest the state of disharmony will be in an individual.

This is how the bear instinctively noticed the feints of the swordsman and, this is also how Kleist's dancer observed if an actor has been totally committed during his performance:

... his soul can even be in his elbow (it's dreadful to see this!). "Such bad choices", he added, "breaking off, are unavoidable since we have eaten from the tree of knowledge".

...und nach geschlagener Schlacht

...and after a lost battle

Wenn die Seele, als der geistige Schwerpunkt mit dem körperlichen Schwerpunkt übereinstimmt, befindet sich der Mensch in Harmonie. Seine Bewegungen sind dann anmutig wie die des Jünglings, bevor er sich seiner selbst bewußt wurde. Je weiter aber die beiden Schwerpunkte auseinander liegen, desto offensichtlicher wird die Disharmonie in dem Menschen.

So bemerkte der Bär instinktiv die Finten des Fechters, und so nahm auch der Kleist'sche Tänzer wahr, ob ein Schauspieler während des Auftritts von seinen Seelenkräften durchdrungen ist:

... die Seele sitzt ihm gar (es ist ein Schrecken, es zu sehen) im Ellenbogen. „Solche Mißgriffe", setzte er abbrechend hinzu, „sind unvermeidlich, seitdem wir von dem Baum der Erkenntnis gegessen haben ..."

Das also sei der große Vorteil der Marionette gegenüber einem menschlichen Wesen, daß sie keine Seele habe, und deshalb frei bliebe, um vom Marionettenspieler beseelt zu werden.

Da der Maschinist nun schlechthin, vermittels des Drahtes oder Fadens, keinen anderen Punkt in seiner Gewalt hat, als diesen: so sind alle übrigen Glieder, was sie sein sollen, tot, reine Pendel, und folgen dem bloßen Gesetz der Schwere; eine vortreffliche Eigenschaft, die man vergebens bei dem größten Teil unsrer Tänzer sucht.

Der Maschinist bzw. der Marionettenspieler ist sowohl Fechter als auch Bär zugleich. Er muß mit Bewußtsein agieren, ohne die vom Instinkt gesteuerten Bewegungsabläufe aus dem Unbewußten zu stören. Das Bewußtsein des Spielers muß dienend die Impulse der Marionette aufnehmen, sie umsetzen und ausgestalten.

Einen weiteren Vorzug der Marionette sah der Tänzer in ihrer scheinbaren Schwerelosigkeit:

*„Zudem", sprach er, „haben diese Puppen den Vorteil, daß sie **antigrav** sind. Von der Trägheit der Materie, dieser dem Tanze entgegenstrebendsten*

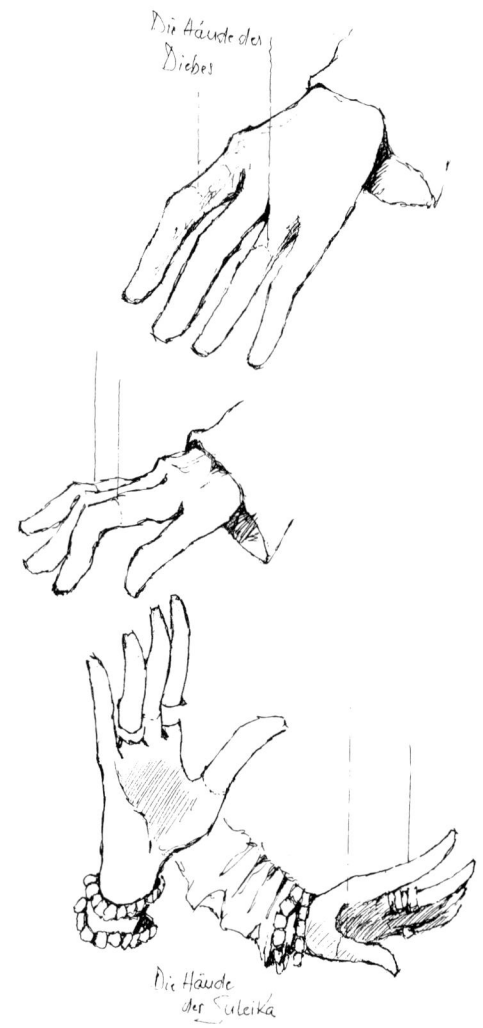

This therefore is supposed to be the great advantage of the puppet over a human, that it doesn't have a soul, and is therefore free to be given a soul by the puppet master.

Since as a result of the wire or string the puppet maker simply does not now have any other point in his power than this: all the other limbs, and what they are supposed to be, are dead, nothing but pendulums, and they obey the law of gravity an excellent characteristic which we try in vain to emulate with the great majority of our dancers.

The puppeteer is not only the swordsman but also bear at the same time. It has to react consciously, without disturbing the sequences of movement from the subconscious which are controlled by instinct. The consciousness of the player has to grasp and serve the puppet's impulses, and has to transform and shape them. The dancer saw another advantage of the puppet in its apparent weightlessness.

Der alte Baum

The old tree

Das Einhorn

28   The unicorn

*"Added to which, he said, these puppets enjoy the advantage of **defying gravity**. They know nothing of the inertia of matter, this property which strives more than all others to stifle dancing, because the force which lifts them up in the air is greater than that which binds them to earth ... Like elves, puppets only need **to graze** the ground and in doing so to revitalise the vigour of their limbs with momentary restraint. We need it **to rest** upon it and to recuperate from the exertions of dancing ...."*

In leaping the dancer overcomes gravity for the twinkling of an eye, soon returning back, however, to earth. The marionette only needs the ground to illustrate the force of gravity – It is weightless.

This fact represents an essential difference between humans and puppets. The puppet has only an inadequate command of speech, cannot grasp objects or even change its mimic – but it is easy for it to hover along weightless.

The essential element of dancing is, however, weightlessness. Looked at in this way, the assertion of Kleist's dancer, that a puppet constructed appropriately would be superior to him at dancing can be understood.

But one should be aware that in order to produce the effect of being weightless, puppets need people. In itself the puppet is simply an object on the end of strings. If these preconditions are fulfilled, then it also needs a master to give it a soul in order that it may "come alive". This task is of similar difficulty to that of a dancer repeating a graceful movement. If he succeeds in conducting it, this results in harmonious interplay. The centre of gravity of man is dependent on that of the puppet in its movements and vice versa. This results in interplay. In this dance both move in a charming manner – the puppet, however, harmoniously, gracefully and weightless.

If in addition to this, the puppteer is knowledgeable about dancing, the puppet can succeed in performing a dance of which a person would not be capable.

*aller Eigenschaften, wissen sie nichts: weil die Kraft, die sie in die Lüfte erhebt, größer ist, als jene, die sie an der Erde fesselt ... Die Puppen brauchen den Boden nur, wie die Elfen, um ihn zu **streifen** und den Schwung der Glieder durch die augenblickliche Hemmung neu zu beleben; wir brauchen ihn, um darauf zu **ruhen**, und uns von der Anstrengung des Tanzes zu erholen ..."*

Im Sprung überwindet der Tänzer für einen Lidschlag die Schwerkraft, kommt jedoch bald wieder auf die Erde zurück. Die Marionette braucht den Boden nur um die Schwerkraft darzustellen – sie ist schwerelos.

Dieser Umstand ist ein wesentlicher Unterschied zwischen Mensch und Marionette. Die Marionette kann nur unzureichend sprechen, greifen oder gar ihre Mimik verändern – aber es ist ihr ein Leichtes, schwerelos dahinzuschweben.

Wesentliches Element des Tanzes jedoch ist die Schwerelosigkeit. So betrachtet, kann man die Behauptung des Kleist'schen Tänzers, eine entsprechend gebaute Marionette wäre ihm im Tanze überlegen, verstehen.

Aber man sollte sich bewußt machen, daß sie, um schwerelos zu wirken, des Menschen bedarf. Die Marionette an sich ist lediglich ein Objekt an Fäden. *Ebenmaß, Beweglichkeit, Leichtigkeit und eine naturgemäße Anordnung der Schwerpunkte.* Wenn sie diese Vorbedingungen erfüllt, dann bedarf sie noch, um zu „leben", eines Spielers, der sie beseelen kann. Diese Aufgabe ist ähnlich schwierig, wie die eines Tänzers, der eine anmutige Bewegung wiederholt. Gelingt sie ihm, so kommt es zu einem harmonischen Zusammenspiel: Der Schwerpunkt des Menschen bewegt sich abhängig vom Schwerpunkt der Marionette und umgekehrt. Es kommt zu einem Wechselspiel. In diesem Tanz bewegen sich beide auf eine anmutige Art und Weise – die Marionette jedoch ebenmäßig, leicht und schwerelos.

Ist zudem dem Spieler das Wesen des Tanzes vertraut, kann der Marionette ein Tanz gelingen, zu dem ein Mensch nicht in der Lage wäre.

Der Magier

The magician

Der Kohlenteufel

Devils playing with burning coals

Im Orient

In the orient

Grasmännchen auf seiner Rennschnecke

"Grasmännchen" on his racing snail

Schmetterlinge und Blattlaus

Butterflies and greenfly

Räuberlager

Robbers' den

Planen, Entwerfen, Gestalten

Unsere Marionetten verkörpern Gestalten aus dem Märchenreich, der Mythologie oder aus Phantastischen Welten. Einige sind Einzelfiguren, manche bilden einen Themenkomplex, andere sind das Spielensemble eines Stücks oder Märchens.

In der Welt des Theaters ist es wichtig, auch auf größere Entfernung jeden Akteur sofort wiederzuerkennen, so daß der „Gute" nicht mit dem „Bösen" verwechselt werden kann. Schauspieler benutzen deswegen verschiedenartige und -farbige Kostüme und einen spezifischen Bewegungsduktus. Der Schauspieler verkleidet sich und schlüpft in die zu spielende Rolle hinein. Doch kann er seinen Körper nur bedingt verändern. Soll er ein Tier spielen, sieht der Zuschauer sofort, daß nur ein verkleideter Mensch dahinter steckt. Für das Figurentheater wird das Tier in seiner spezifischen Art geformt und gebaut. Seine Bewegungscharakteristik entspricht der jeweiligen Art: Ein Vogel hüpft, breitet die Flügel aus und erhebt sich in die Lüfte. Und gerade das Letztere wäre dem Schauspieler nur mit großem Aufwand möglich.

Marionetten sind kein verkleinertes Abbild des Menschen oder des kostümierten Schauspielers, sondern sie werden nach den theatralischen Erfordernissen als eigenständige Wesen speziell für ihre Rolle gestaltet.

In der Commedia dell'Arte setzen die Schauspieler Masken auf, um die darzustellende Fi-

Planning, designing, shaping

Our puppets embody figures from the realms of fairy tales, mythology or from fantastic worlds. Some are individual figures, some form a complex of topics, others a part of a play or fairy tale. In the world of the theatre it is important to be able to recognise every actor immediately from a distance, so that the "Goodie" isn't confused with the "Baddie". Therefore actors wear costumes of different types and colours and have a specific mode of movement. The actor disguises himself and slips into the role to be played. But he can only change his body to within given limits. If he is to play an animal, the audience realises immediately that it is only being played by a person in disguise. In the figure theatre, the animal is shaped and constructed in accordance with its specific nature. Its characteristics conform to those of the animal represented. A bird hops, spreads its wings and lifts itself up into the air. And it is precisely the latter which would only be accomplished by the actor with great effort.

Marionettes are not a scaled-down image of people or of actors in costume, but are designed specially for their role as an independent beings and to satisfy theatrical requirements.

In commedia dell'arte the actors put on masks in order to embody the figure to be represented. In the figure theatre the head is indeed carved or formed to represent this character.

gur zu verkörpern. Im Figurentheater schnitzt oder formt man den Kopf schon als diesen Charakter aus.

Die Sprache der Marionetten ist die Sprache der Gebärden: Im Spiel drücken sich die Figuren durch gezielte Kopf- und Handbewegungen und entsprechende Körperhaltungen aus. Also werden dem Kopf und den Händen als Hauptausdrucksmitteln auch in ihren Größen eine besondere Bedeutung zugemessen. Bei dem Idealmenschen beträgt das Verhältnis von Kopf zu Körper 1:7. Wir verschieben dieses Verhältnis zugunsten des Kopfes auf 1:5 bis sogar 1:1. Die Größe der Hände richtet sich jedoch nach der Größe des Kopfes: Legt man die Hand mit dem Ansatz des Daumenballens an das Kinn, erreicht man mit den Fingerspitzen die Mitte der Stirn.

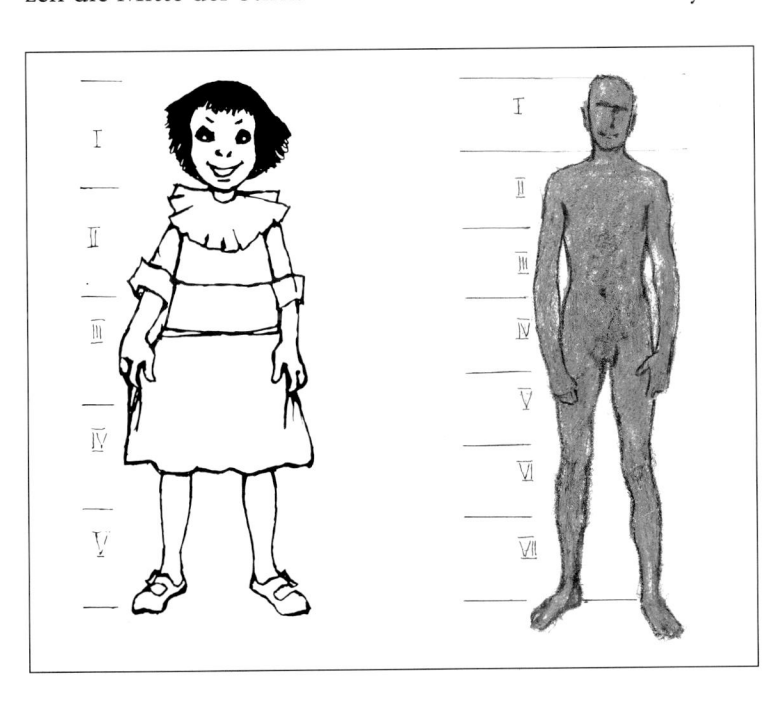

The language of puppets is the language of gesture. In the play the figures express themselves with selected movements of the head and hands and corresponding body posture. Therefore the head and hands are attributed particular significance as the main means of expression, also in terms of their size. In the perfectly formed person the ratio of head to body is 1 : 7. We adjust this ratio in favour of the head to 1 : 5 or even as much as 1 : 1. The size of the hands is however determined by the size of the head. If the hand is placed so that the ball of the thumb begins against the chin, the finger tips should reach to the middle of the forehead.

Whereas the hands are capable of making a theatrical statement, the feet are attributed only minor importance. Large shoes or even large feet which are considered large by normal standards impede walking or running considerably as a result of their shape, therefore their size is reduced in favour of the function of the puppet for the performance.

When designing the face we emphasise the figure by using pearls for eyes or black eye lids. The latter change shape when the head moves. So the puppet "closes" its eyes if the head is lowered. Shadow-like effects are created in the face with raised sections, recesses, or edges which make the onlooker think that he can observe emotions.

Während die Hände eine theatralische Aussage haben, kommt den Füßen nur eine geringe Bedeutung zu. Großes Schuhwerk, oder auch schon als normal groß empfundene Füße behindern aufgrund ihrer Form die Fortbewegung erheblich, deshalb verkleinern wir sie zugunsten der Spielfunktion.

Bei der Gestaltung des Gesichts betonen wir das Figurenhafte durch die Verwendung von Perlen als Augen oder durch schwarze Augenschlitze. Letztere verändern bei der Bewegung des Kopfes ihre Form. So „schließt" die

When designing a figure, not only the technical but also the artistic aspects are to be observed.

Technical design illustrates proportions, the size of the limbs, and articulations. The artistic draft sketches styling and colouring. Before we now begin with diagrams, we design the character an image, inventing the background and history of the figure; a "psycho-and sociogram". In which era does the action take place? Which social class does the person to be represented belong to? In which surround-

Cleopatra

Marionette die Augen, wenn der Kopf gesenkt wird. Durch Höhen und Tiefen oder Kanten entstehen im Gesicht Schattenwirkungen, die den Zuschauer glauben lassen, Gefühlsregungen wahrzunehmen.

Bei der Planung einer Figur sind sowohl der technische als auch der künstlerische Aspekt zu beachten:

Der technische Plan zeigt die Proportionen auf, die Größe der Glieder und die Gelenkverbindungen. Der künstlerische Entwurf skizziert die Form- und Farbgebung.

Bevor wir nun mit Zeichnungen beginnen, entwerfen wir ein Bild von dem Charakter, dem Umfeld und der Geschichte der Figur: ein „Psycho- und Soziogramm": In welcher Epoche spielt die Handlung? Welcher gesellschaftlichen Schicht gehört die darzustellende Person an? In welchem Umfeld lebt sie? Ist sie arm oder reich? Ist ihre Position stabil oder Veränderungen unterworfen?

Weitere Fragen zur Person beinhalten Alter, Geschlecht, Familienstand und Gesundheit. Ist sie mit sich und ihrem Leben zufrieden oder strebt sie nach Veränderung? Welche herausragenden Eigenschaften sind für sie charakteristisch? Gehören zur Erfüllung der vorgesehenen Rolle eher geistige Fähigkeiten, gesunder Menschenverstand, musische Kräfte oder einfach ein starker Wille? Von welchem Temperament wird die Figur beherrscht?

Anhand des Grimmschen Märchens „das tapfere Schneiderlein" zeigen wir die Umsetzung der theoretischen Überlegungen in die Praxis:

Zur Person des Schneiderleins:
Er ist männlich, ungefähr 20 Jahre alt, ledig und lebt als Handwerker selbständig in einem kleinen Städtchen. Seine Verhältnisse sind ärmlich, aber nicht bettelarm. Als Schneider ist er adrett und ordentlich gekleidet.
Wir geben ihm folgende persönliche Eigenschaften: Er ist frech, unerschrocken, selbstbewußt und reaktionsschnell. Er verfügt über ei-

ings does it live? Is it poor or rich? Are its circumstances stable or are they subject to change?

Additional questions about the person include age, sex, marital status and health. Is it satisfied with itself and its life or is it striving for change? Which outstanding features are characteristic for them? Does it tend to be spiritual characteristics, common sense, musical talents or simply a strong will which are needed to fulfil the intended role? Which temperament does the figure possess?

Based on the Grime's fairy tale "The Brave Little Tailor" we show how theoretical considerations are put into practice.

About the character of the little tailor:
He is male, about 20 years old, single, and makes his living as an independent craftsman in a small town. He lives in needy circumstances, but he is not so poor that he has to beg. As a tailor he is smartly and properly dressed. We are going to give him the following personal characteristics. He is impertinent, undaunted, self-con-

Monddrache

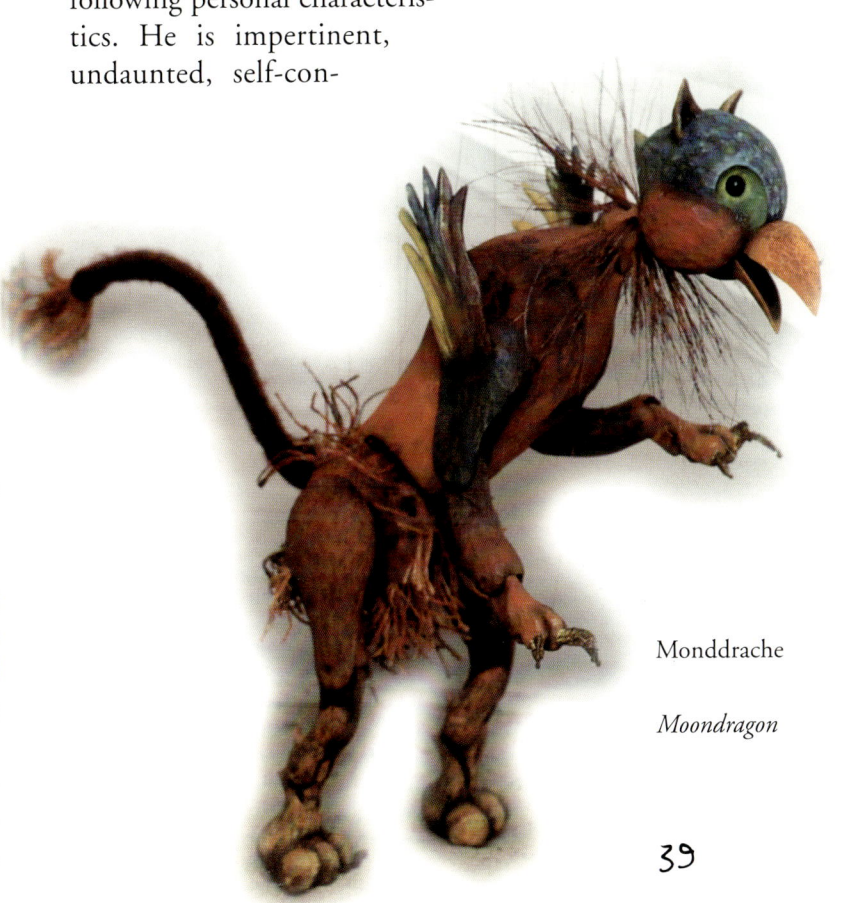

Moondragon

nen weitblickenden, gesunden Menschenverstand, so daß er die Reaktionen seiner Kontrahenten zu seinem Vorteil einplanen kann.

Dem Schneiderlein ordnen wir natürlich das sanguinische Temperament mit cholerischem Einschlag zu. Seine Geistes- und Willenskräfte sind stärker ausgebildet als sein Gefühlsleben. Als neugieriger, reaktionsschneller Person geben wir ihm offene Augen, eine frech nach oben gebogene Nase und einen optimistischen Mund. Er bekommt blonde Haare und eine schlanke wendige Gestalt. Die Beine betonen wir durch ihre Länge: Er muß besonders viel laufen und springen, um die ihm gestellten Aufgaben zu lösen. Deshalb ziehen wir ihm auch bequeme Hosen wie Kniebundhosen an. Ein Jackett mit fliegenden Schößen unterstreicht seine Leichtigkeit oder auch seinen Leichtsinn. Und der Gürtel darf natürlich nicht vergessen werden.

scious and quick to react. He has a far-sighted and keen mind, so that he can take the reactions of his adversaries into account to his advantage.

Of course we shall attribute the sanguinary humour with streak of the choleric to the little tailor. His spiritual powers and will power are more strongly developed than his emotional life. As a curious person quick to react, we shall give him open eyes, a cheeky, upturned nose and an optimistic mouth. He is to have blond hair and a slim, agile body. We shall emphasise the legs by their length. He has to run and jump a great deal in order to fulfil the tasks allotted to him. Therefore we shall dress him in comfortable knee-length breeches for trousers. A jacket with flying coat-tails emphasises his grace or even his recklessness. And of course, his belt must not be forgotten.

Das tapfere Schneiderlein

The brave little tailor

Marionettenbau

Nachdem die formale Gestalt der Marionette ergründet wurde, wenden wir uns nun den technischen Aspekten zu. Hier stellt sich als erstes die Frage nach dem Schwerpunkt. Dieser befindet sich beim Menschen im Beckenbereich. Eine Marionette, die einen Menschen darstellt und sich menschlich bewegen soll, muß ihren Schwerpunkt dort haben, wo ihn der Mensch hat, denn jede Bewegung ist abhängig von ihrem Schwerpunkt.

In das Becken der Marionette setzen wir daher ein zentrales Gewicht: den Hauptschwerpunkt. Dessen Masse ist abhängig von den Materialien, aus denen Kopf, Körper und Glieder angefertigt werden. Ein schwerer Kopf, z. B. erfordert zwangsläufig ein entsprechend höheres Gewicht im Becken. Da unser Ziel aber eine möglichst leichte und bewegliche Figur ist, überlegen wir uns genau, aus welchen Materialien wir den Körper, den Kopf und die Glieder bauen.

Im Kopf und in den Gliedern befinden sich Nebenschwerpunkte. Zum Beispiel hat der menschliche Kopf seinen Schwerpunkt etwa in Höhe der Nasenwurzel. Setzt man den Schwerpunkt des Marionettenkopfes dorthin, bewegt sich dieser harmonisch und natürlich. Der anatomische Schwerpunkt einer Beinkette hingegen, befindet sich etwas oberhalb des Knies und ist die Voraussetzung für ein überzeugendes Gehen.

Wenn alle Schwerpunktfragen gelöst sind, wenden wir uns der Gelenktechnik zu. Gelingt es uns, die einzelnen Gelenke in ihren Wirkungsgraden so zu bauen, wie sie der Anatomie entsprechen, so kann sich die Figur gar nicht anders bewegen als auf eine natürliche Art und Weise. Deshalb überlegen uns beim Bau jedes einzelnen Gelenkes dessen Bewegungsfreiheiten und -begrenzungen.

Dabei kann ein Stück Schnur genauso wirkungsvoll sein, wie ein kompliziertes Kardangelenk; entscheidend ist einzig die Funktion.

Puppet making

Once the formal figure of the puppet has been fathomed out, we deal with the technical aspects. The first to present itself is the issue of the centre of gravity. In people this is located in the pelvic region. A marionette which represents a persona and is supposed to move like a person has to have its centre of gravity there where people have theirs, since every movement is dependent on the centre of gravity.

Therefore we put a central weight in the pelvic region of the puppet, this is the main centre of gravity. Its mass is dependent on the materials with which head, body and limbs are made. A heavy head for example, by necessity requires a correspondingly heavier weight in the pelvic region. Since our objective is however to have a figure which is as light and supple as possible, we have to consider very carefully which materials we shall construct the body, head and limbs. The secondary centres of gravity are located in the head and in the limbs. For example, the human head has its centre of gravity approximately at the same level as the root of the nose. If the centre of gravity of the puppet's head is located there, the head will move harmoniously and naturally.

The anatomical centre of gravity of a linked leg on the other hand is somewhere above the knee and is the pre-requisite for the puppet being able to walk convincingly. Once all centres of gravity have been solved, we deal with joint technology. Should we succeed in constructing the individual limbs so that they are as effective as human limbs, the figure can but move in a way that is natural. Therefore when making every single joint of the puppet we take their freedom and restrictions of movement into consideration.

By doing this a single cord can be just as effective as a complicated universal joint. It is solely function which is decisive. The last component in this complex system is the control bar. Its dimensions are produced by the form of

Die letzte Komponente in diesem komplexen System ist das Spielkreuz. Seine Abmessungen ergeben sich aus der Gestalt der daran zu befestigenden Figur. Diese ist dann am funktionalsten aufgebunden, wenn alle Fäden von ihr senkrecht nach oben zum Spielkreuz führen. Die Schulterschwinge am Spielkreuz ist demzufolge genauso breit wie die Schultern der Figur usw. Zudem wirken, wenn die Fäden senkrecht nach oben laufen, oben wie unten die gleichen Hebel. So ähnelt das Spielkreuz auf abstrakte Weise der Figur. Es sollte ergonomisch den menschlichen Handbewegungen angepaßt und so konstruiert sein, daß es möglichst viele Bewegungen der Figur ohne große Fingerakrobatik erlaubt.

the figure to be attached to it. This is then tied to the puppet in the most effective manner if all strings lead up from the figure to the control bar vertically. The rocker arms* on the control bar are accordingly just as wide as the figure's shoulders, etc. Added to which the same levers work above and below if the strings run vertically upwards. In this way the control bar is similar to the figure in an abstract way. It is supposed to be ergonomically adapted to human hand movements and constructed so that it allows the figure to make as many movements as possible without the fingers having to perform complex acrobatics.

Am Beispiel einer Katze zeigen wir unsere Arbeitsweise als Marionettenbildner: Bevor eine Marionette entsteht, beschäftigen wir uns ausführlich mit der Anatomie des darzustellenden Wesens. In diesem Fall untersuchen wir die Bewegungsmerkmale einer Katze und legen dann fest, auf welche Bewegungsabläufe sie reduziert werden kann, ohne ihre Charakteristika zu verlieren. Wir machen uns die Bewegungsmöglichkeiten jedes einzelnen Gelenkes bewußt und versuchen dann, das jeweilige Gelenk so zu bauen, daß es die gleichen Freiräume und Begrenzungen hat, wie bei der lebenden Katze. Anhand von anatomischen Zeichnungen fertigen wir Schablonen an und ermitteln so die Funktionen der Gelenke und die mögliche Gestalt der einzelnen Glieder.
Von Beginn an werden die Materialien so ausgewählt, daß die Marionette so leicht wie möglich ist, aber doch so schwer wie nötig. Beispielsweise macht ein zu leicht gebauter Elefant es dem Spieler unnötig schwer, ihn überzeugend zu führen..

We shall show how we work as puppet sculptors with the example of a cat. Before a puppet is created, we deal solely with the anatomy of the creature to be represented. In this case we investigate the movements characteristic of a cat and then stipulate the movement sequences to which they can be reduced without losing their characteristics. We make ourselves aware of the alternative methods of movement of each individual joint – and then we try to construct that joint in such a way that it has the same freedom and restrictions of movement as a live cat. We produce stencils on the basis of anatomical designs and in doing so work out how the joints work and the possible shape of the individual limbs. From the outset the materials are selected so that the puppet will be as light as possible, but at the same time as heavy as necessary. For example, an elephant which is made too light makes it unnecessarily difficult for the master to control it convincingly.

Lindenholz ist ein klassisches Marionettenbaumaterial, weil es einfach zu schnitzen und relativ leicht im Gewicht ist, aber dennoch fest in der Struktur. Hier werden aus einer gut abgelagerten Lindenbohle Bretter gesägt, die danach exakt rechtwinklig gehobelt werden. Die jeweils benötigten Brettstärken wurden vorher durch Profil- und Ansichtszeichnungen ermittelt.

Limewood is a classical material for puppet making because it is easy to work and relatively light; but nevertheless rigid in structure. Boards are sawn from lime planks which have been stored for the proper length of time. Following this they are planed into rectangles so that they have precise right angles. The board thickness required in each case will have already been worked out in advance from section and elevation diagrams.

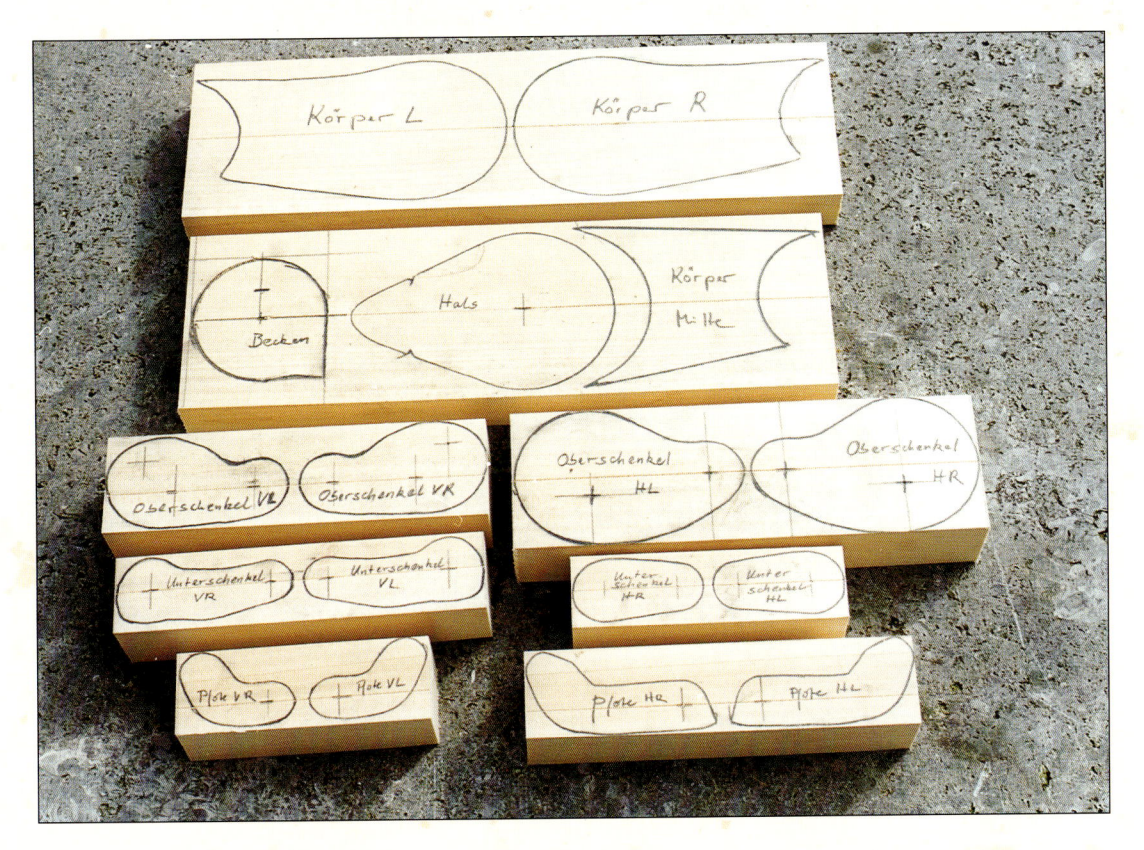

Beim Aufzeichnen der auszusägenden Teile achten wir sehr genau auf den Maserungsverlauf des Holzes. Wir planen vor allem die später dünn zulaufenden Partien gut ein. Man bekommt sonst Probleme mit dem Schnitzen, dünnere Stellen sind bruchgefährdet und die Gelenke könnten sich verziehen.

When drawing up the parts to be sawn out we pay precise attention to the direction of the grain in the wood. Above all we plan the parts which run to become thin at one or more ends. Otherwise problems are encountered when cutting, thinner sections are liable to break, and the limbs could become distorted.

Alle Bohrungen und Fräsungen werden gemacht, solange das Holzstück noch rechtwinklig ist. Nach dem Schnitzen kann man nur mit großem Aufwand präzise bohren und fräsen. Demzufolge müssen die Gelenkpunkte und Bohrungen schon bei der Planung festgelegt werden.

All holes are drilled and shapes are cut while the piece of wood is still rectangular. Once this piece of wood is cut, precise drilling and shaping can be carried out accurately, but only at the expense of a great deal of time. As a result, the joints and drilled holes have to be stipulated as early as the planning stage.

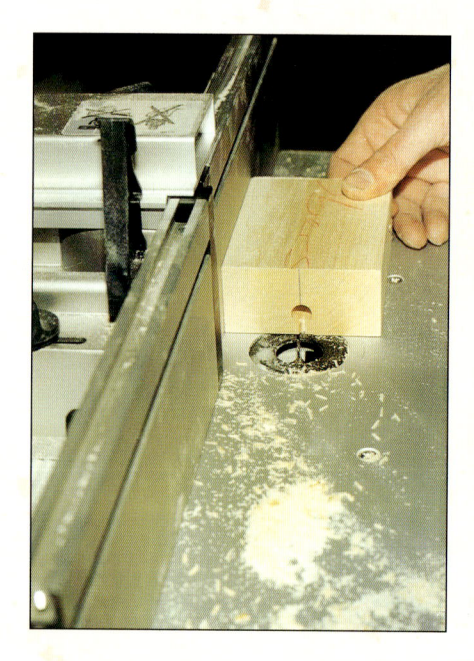

Mit der Fräse werden die Gelenke geschlitzt. Hier kommt es auf sehr präzises Arbeiten an, da die beiden Teile eines Gelenkes genau zueinander passen müssen.

A groove is cut into the joints with a cutter. It is important that this work satisfies very high standards of accuracy, since both parts of a joint have to fit together exactly.

Erst nach diesen Vorarbeiten werden die einzelnen Teile auf der Bandsäge ausgesägt.

Only after this preliminary work has been completed are the individual parts sawn out on the band saw.

Die Konturen werden mit der Bandschleifmaschine nachgeschliffen und die Gelenke aneinander angepaßt.

The outlines are reground with a belt sander and the joints are fitted to one another.

Nachdem der Rumpf zusammengeleimt wurde, wird die Figur provisorisch zusammengefügt.

Once the torso has been glued together, the figure is put together on a provisional basis.

Die Schwerpunktgewichte werden aus Blei gegossen. Schon bei der Planung wurde deren Plazierung und das jeweils benötigte Gewicht ermittelt. Dieses läßt sich aber nur bedingt berechnen, weil auch viel Erfahrung dazugehört.

The centre of gravity weights are cast from lead. Their location and the weight required in each case is worked out as early as the planning stage. However this can only be calculated to a limited extent, because a great deal of experience is also required.

Alle Teile werden nun geschnitzt und immer wieder aneinander angepaßt.

All parts are now cut and fitted together again and again.

Um das Gesamtgewicht der Figur so gering wie möglich zu halten, soll der Kopf sehr leicht werden. Deswegen sägen und raspeln wir die Grundform aus einem leichten Trägermaterial (Kork, Styropor o. ä.). Um die Oberfläche zu verfestigen und um den Kopf spezifisch auszuformen, umhüllen wir diesen Kern mit einer Holz-modelliermasse und gestalten damit den Katzenkopf.

In order to keep the overall weight of the figure as low as possible, the head should be as light as possible. For this reason we saw and rasp the basic shape from a light base material (cork, polystyrene, or similar). In order to strengthen the surface and in order to put the final touches to shaping the head, we cover this core with a wood modelling medium and shape the cat's head with it.

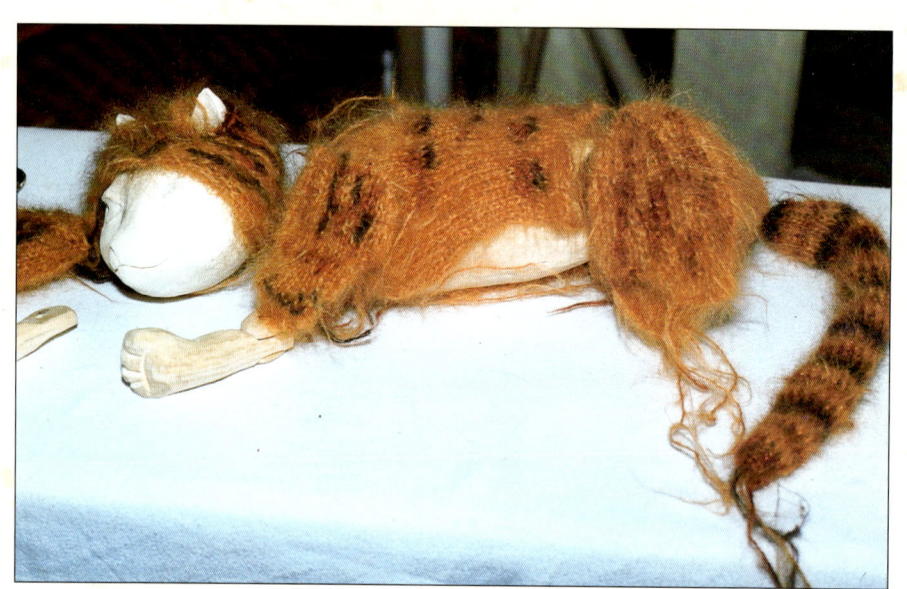

Bei der „Kostümierung" der Figur wird sorgsam darauf geachtet, daß die Bewegungsmöglichkeiten nicht durch das Kostüm eingeschränkt werden.

When putting a costume on the figure, particular care is given to ensure that the flexibility and movements of the puppet are not restricted by the outfit.

Der Kopf wurde fein geschliffen, mit Dispersionsfarbe grundiert und strukturiert. Danach wird er mit Plakafarben von dunkel nach hell bemalt.

The final touches are given to the head, a layer of water-based paint is applied as a primer, and built up. Following this the puppet is painted with poster paints firstly with dark colours and then with progressively lighter colours.

In der Zwischenzeit ist das Spielkreuz entstanden. Seine Form ergab sich aus der Figur. Durch die physikalische Notwendigkeit, daß alle Fäden senkrecht nach oben verlaufen müssen, gibt das Spielkreuz in gewisser Weise die Gestalt des Wesens wider, das an ihm befestigt ist.

In the meantime the control bar has been created. Its shape is determined by the figure. To a certain extent the control bar reflects the shape of the puppet to which is attached to it since all strings must, by physical necessity, go up vertically.

Beim ersten Aufbinden werden die Fäden in Schlaufen gelegt, so daß sie leicht in der Länge verändert werden können. Wir loten nun aus, welche Bewegungsmöglichkeiten in der Figur stecken und erforschen, was sie kann, und was nicht.
Noch können wir Änderungen vornehmen. Wenn wir, z. B. beim Aufbinden einer Marionette feststellen, daß die Beine um ein Weniges ungleich lang sind, so hat das zur Folge, daß die Figur unmerklich hinken wird. Nun können wir entscheiden, ob das eine Eigenschaft dieser Figur sein soll. Denn gerade durch seine Asymmetrien wird ein Wesen individuell. Ändern wir es nicht, dann wird es unweigerlich Teil ihrer Persönlichkeit. Ein Spieler spielt sie dann gut, wenn er diese Persönlichkeit respektiert

When tying on the puppet for the first time, the strings are laid in a loop, so that it is easy to shorten them. Now we fathom out which movements the puppet is capable of, and what it can and cannot do. At this stage we can still make alterations. If for example when tying up a puppet we identify that the legs are of slightly different lengths, this will result in the figure having an imperceptible limp. Now we can decide whether this should be a characteristic of this figure. For it is precisely its asymmetry that make something individual. If we do not alter it, then it will become an irrefutable part of its personality. A master will be able to play this personality well, if he respects this personality.

Das Aufbinden der Figur ist in der Regel eine langwierige Suche nach den richtigen Befestigungspunkten. Dazu ist es hilfreich, sich der Hebelgesetze in der Physik zu erinnern: Je weiter der Anknüpfungspunkt vom Drehpunkt entfernt ist, desto wirkungsvoller ist der Hebel. Das Aufbinden ist die vielleicht aufregendste Phase beim Marionettenbau, denn jetzt erst stellt sich heraus, ob das Spielkreuz richtig konstruiert wurde und ob all die theoretischen Überlegungen, die man sich zur Figur gemacht hat, in der Praxis stimmen. Auch zeigt sich, ob die Gelenke so funktionieren, wie man sich das gedacht hat, und vor allem, ob die Schwerpunkte richtig gesetzt und dimensioniert wurden.

As a rule tying on the figure is a protracted search to find the right connection points. For this it is helpful to recollect the laws of leverage in physics. The further away the connection point is from the fulcrum, the more effective the lever. Tying on the puppet is perhaps the most exciting stage in puppet making, since only at this stage can it be seen whether the control bar has been properly constructed and whether all the theoretical considerations which have been made about the figure are correct in practice. It can also be seen whether the limbs function as intended, and above all, whether the centres of gravity have been sited in the correct locations, and have been weighted correctly.

Leo und seine Sekretäre

Leo and his secretaries

Der Schamane	*The shaman*

Es war einmal eine äußerst gefährliche Karotte, die dem übrigen Gemüse schon viel Schaden zugefügt hatte. Einem bereits halb geschälten Kohlrabi gelang es schließlich, sie zu erledigen. Freudestrahlend hielt er sie hoch und fragte das andere Gemüse, was ihre Strafe sein solle.

Once upon a time there was an extremely dangerous carrot, who had already inflicted great harm on the other vegetables. A kohlrabi already half-peeled finally succeeded in getting the better of it. Beaming with joy it held the carrot up and asked the other vegetables what its punishment ought to be.

Einstimmig beschloß man, sie solle geviertelt und gesotten werden.

It was unanimously decided that it should be quartered and boiled.

Zirkus

Pendolino

Zirkus Pendolino

Es waren einmal zwei Brüder, genannt Peter und Paul, die erbten aus heiterem Himmel heraus einen Zirkus. Aber was heißt hier Zirkus: Es war der Zirkus Pendolino. Dieser war von ihrem Urururgroßvater Primus Pendelus vor vielen hundert Jahren gegründet worden.

Die zwei Brüder standen vor ihrem Zirkus und bewunderten ihn. Unbekümmert lüpfte Paul die Eingangsplane und forderte Peter auf, einzutreten. Sie wurden von schwungvoller Musik empfangen. Der Pinguin Pierre spielte die Drehorgel.

The Pendolino Circus

There were once two brothers, called Peter and Paul, who inherited a circus out of the blue. But what do we mean here by circus. It was the Pendolino Circus. This had been founded by their great-great-great-grandfather Primus Pendelus many hundreds of years previously.

The two brothers stood before their circus and admired it. Unconcerned Paul lifted the entrance awning and asked Peter to enter. They were received by racy music. The penguin Pierre played the barrel organ.

Und da entdeckten beide das, wonach sie sich ihr Leben lang gesehnt hatten. Peter erblickte unten in der Arena eine wunderschöne Elefantendame, Frau Primula Primavera. Als diese sich auf die Hinterbeine stellte, erbebte Peters Herz.

And both discovered what they had longed for all their lives. Peter caught sight of a beautiful elephant lady in the area, Mrs. Primula Primavera. When the elephant stood up on its hind legs, Peter's heart beat furiously.

Paul, hingegen schaute in die Höhe und vergaß fast zu atmen: Auf dem Hochseil stand das bezauberndste Wesen, das er sich vorstellen konnte: Paula. Sie blickte zu ihm hinunter, schwankte etwas und wurde blaß. Peter sank vor der Elefantendame in die Knie und Paul und Paula fielen sich in die Arme.

Paul, on the other hand looked up and almost forgot to breathe. On the high wire was the most enchanting creature imaginable, Paula. She looked down at him, swayed slightly, and turned pale. Peter went down on one knee before the elephant lady and Paul and Paula fell into each other's arms.

Pierrot, der wie immer still in der Zirkuskuppel saß, wartete gespannt wie es weiter gehen würde.

Pierrot, who as ever, was sitting quietly in the big top, waited with excitement to see what would happen next.

Beide Brüder fanden ihre Erfüllung: Peter brachte Primula die erstaunlichsten Kunststücke bei und übernahm auch das Amt des Ansagers, da er den besten Anzug besaß.
Paul liebte Paula, die waghalsige Hochseilartistin. Am liebsten hätte er ihr die ganze Zeit zugeschaut, aber dann besann er sich, blies die Trompete und schlug die Trommel. Und bald wurde er auch der Vater von Paulinchen und Paulchen.

Both brothers found fulfilment. Peter taught Primula the most astonishing tricks and also assumed the role of presenter, since he had the best suit.
Paul loved Paula, the daredevil high wire artist. Best of all he would have spent all his time looking at her, but then he came to his senses, blew the trumpet and banged the drum. And soon he was also the father of Little Pauline and Little Paul.

Eines Tages tauchte ein arbeitsloser Bär, Herr Paolo Petzo, im Zirkus Pendolino auf. Er lungerte so herum und stand allen im Wege, bis Paul und Paula auf die Idee kamen, daß die Kinder ihm doch das Einradfahren beibringen sollten. Nach dem ersten erfolgreichen Auftritt bekamen alle ein riesiges Bonbon.

One day an out-of-work bear, Mr. Paolo Petzo showed up at the Pendolino circus. he lounged around so much and got in everyone's way until Paul and Paula hit upon the idea that the children should nevertheless teach him how to ride a unicycle. After the first successful appearance all of them were given a massive sweet.

*Der Zirkuskater Pedro und die Zirkusmaus Philline platzten vor Neid. Zu gerne wollten auch sie in der Arena auftreten.
„Was kannst du denn am Besten?" fragte Pedro die Maus. „Tanzen natürlich" antwortete Philine. Schnell rannten sie zu Pierre, dem Pinguin und fragten ihn, ob er auch für sie die Drehorgel spielen würde. Natürlich sagte er zu. Jeden Abend sah man nun Philline mit dem großen Dompteur Pedro eine Katzen-Mäuse-Polka tanzen, oder zwei.*

*The circus cat Pedro and the circus mouse Philline were bursting with envy. They too would very much have liked to appear in the arena.
"What can you do best then?" Pedro asked the mouse. "Dance, of course" replied Philline. She quickly ran to Pierre, the penguin and asked him if he would also play the barrel organ for her. Naturally, he agreed. Every evening Philline was now to be seen dancing a cat and mouse polka or two with the great animal trainer Pedro.*

Manchmal, nach ihrem Auftritt, stand Paula versonnen lächelnd an ihrem Hochseil und fragte sich, ob sie nicht endlich Pflatsch, den Frosch küssen sollte ...

Sometimes, after their performance, Paula stood reflectively smiling at her high wire and asked herself whether she shouldn't finally kiss Splash the Frog ...

Ende

Als faszinierter Zuschauer eines guten Marionettenspiels glaubt man leicht, daß der Spieler über große Fingerfertigkeiten verfügen muß. Hat man jedoch einmal die Möglichkeit, die Hände des Marionettenspielers zu beobachten, wird man feststellen, daß sie relativ sparsame, aber sehr gezielte Bewegungen ausführen.

Seine eigentliche Leistung hat der Marionettenspieler lange vor diesem Spiel vollbracht. Er hat sich nämlich gefragt: Wie bewege ich mich eigentlich? Was geht in meinem Körper vor, wenn ich mich hinsetze, wenn ich aufstehe, gehe, laufe, winke, schleiche, schaue, entdecke?

Sich selbst beobachtend, ist er sich über viele seiner Bewegungsabläufe bewußt geworden und hat dabei viel über sich, seine Gelenke und seine Anatomie gelernt. So hat er sich mit der Zeit ein Wissen um die eigene Bewegung erarbeitet.

Je mehr er jedoch darauf achtete, desto mehr fiel ihm auf, wie verschieden sich die Menschen bewegen und welch feine Unterschiede es gibt: Eine dicke Person läuft ganz anders als eine dünne, eine cholerische unterscheidet sich von einer sanguinischen, eine träumerische bewegt sich ganz anders als eine abenteuerlustige, ein Kind hüpft flink wie ein Ball, ein Erwachsener geht eher bedächtig.

So ist ihm bewußt geworden, daß er nicht unbedingt seine eigenen Bewegungsmuster auf die Marionette übertragen sollte, sondern sich in sie, in ihren Typus und Charakter einfühlen muß. Deshalb beschäftigt er sich mit der Persönlichkeit der zu spielenden Marionette und beginnt mit Zuschreibungen:

As a fascinated onlooker of a good puppet show it is easy to believe that the master has to possess very nimble fingers. But if you ever have the opportunity to observe the hands of a puppet master, you will observe that they can make relatively few, but very selective, movements. The puppet master has completed all his real work long before the show. Namely he has asked himself, "How do I actually move? What happens within my body when I sit down, stand up, walk, run, nod, crawl, look, discover?"

Looking at himself, he has become aware of many of his movement sequences and in doing so learnt a great deal about himself and his joints and his anatomy. In this way, with time, he will have developed a knowledge of his own movements. The more attention he paid to this however, the more it occurred to him how differently people move and which fine differences there are. A fat person runs quite differently from a thin one, a choleric person is different from a sanguinary person, a dreamy person moves quite differently from an adventurous one. A child hops along as nimble as a ball, adults tend to be more deliberate in their walk.

In this way he became aware that he shouldn't necessarily transpose his own style of movement on to the puppet, but to emphasise with the type and character of the puppet. For this reason he involves himself with the personality of the puppet to be played and begins with assigning the puppet a character.

Otto ist vulgär und noch in der Pubertät. Er ist ziemlich aufmüpfig und bewegt sich erdverbunden, jedoch trotz der Körperfülle schnell und wendig. Er ist meist unausgeschlafen und schlecht gelaunt, kann aber, wenn er will und es zu seinem eigenen Nutzen sein könnte, sehr charmant sein. Er bringt kaum einen richtigen Satz zustande und kann Friede und Harmonie nicht ausstehen. Er sucht den Streit.

Otto is vulgar and still going through puberty. He is fairly rebellious and drags his feet, however in spite of his ample frame he moves quickly and is supple. He has rarely had a good night's rest and is bad-tempered, however, he can, if so inclined, and it could be to his advantage, be very charming. He hardly ever utters a proper sentence and cannot stand peace and harmony. He is looking for confrontation.

Ganz anders sind dagegen die Zuschreibungen für den Pantomimen Pic: Er ist schön anzusehen, leicht, fließend, tänzerisch in den Bewegungen, träumerisch in seine eigene Welt versunken, die Außenwelt fast gar nicht wahrnehmend. Er liebt das Ästhetische und entdeckt bewundernd das Schöne in seiner Umgebung. Er kann stundenlang einem Schmetterling zuschauen, ist sehr leise, scheu und vorsichtig. Er will die Stille genießen.

Schaut man nun noch einmal – mit diesem Wissen – dem Marionettenspieler zu, so wird man feststellen, daß in gewisser Weise die Figur, die er gerade spielt, sich unbewußt in seinen Bewegungen widerspiegelt: Stampfender Gang, schnelle abrupte Bewegungen mit dem Körper und Schalk im Gesicht – so sieht man ihn den Punk spielen.

Läßt er nun Pic, den Pantomimen, die Bühne betreten, werden seine Bewegungen ruhig und entspannt, seine Schritte leicht und behutsam. Seine Körperhaltung ähnelt der Figur, die er führt, und er durchlebt in sich, was die Figur vorgibt zu erleben. In seinem Geist ist er unten in der Figur, ist quasi sie. Er spielt sie dann gut, wenn der Zuschauer ihn nicht wahrnimmt.

On the other hand the characters assigned for the "Pic" pantomimist are very different. He is attractive to look at, light, flowing, dancer-like in his movements, dreamily engrossed in his own world, hardly noticing the outside world at all. He loves the aesthetic and discovers what is beautiful in his surroundings with admiration. He can look at a butterfly for hours, is very quiet, shy, and cautious.

He wants to enjoy tranquillity. If you now look at the puppet player once more with this knowledge, you will ascertain that in a certain way the figure which he is playing at the moment is unconsciously reflected in his movements. Stamping his feet as he walks, quick, abrupt bodily movements with the facial expression of a rogue – in this way you see him playing the punk. If he now allows Pic, the pantomimist onto the stage, his movements will be relaxed and smooth, his steps light and careful. His posture resembles that of the figure which he is controlling and he lives through what the figure purports to experience. In his soul is he is down there in the figure. He then plays it well if he is not observed by the onlooker.

Hommage an Pic

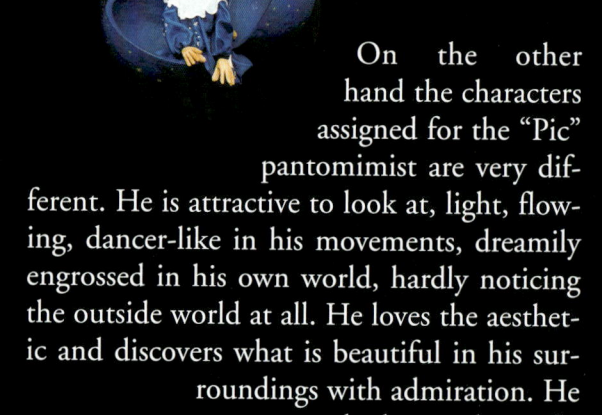

Homage to Pic

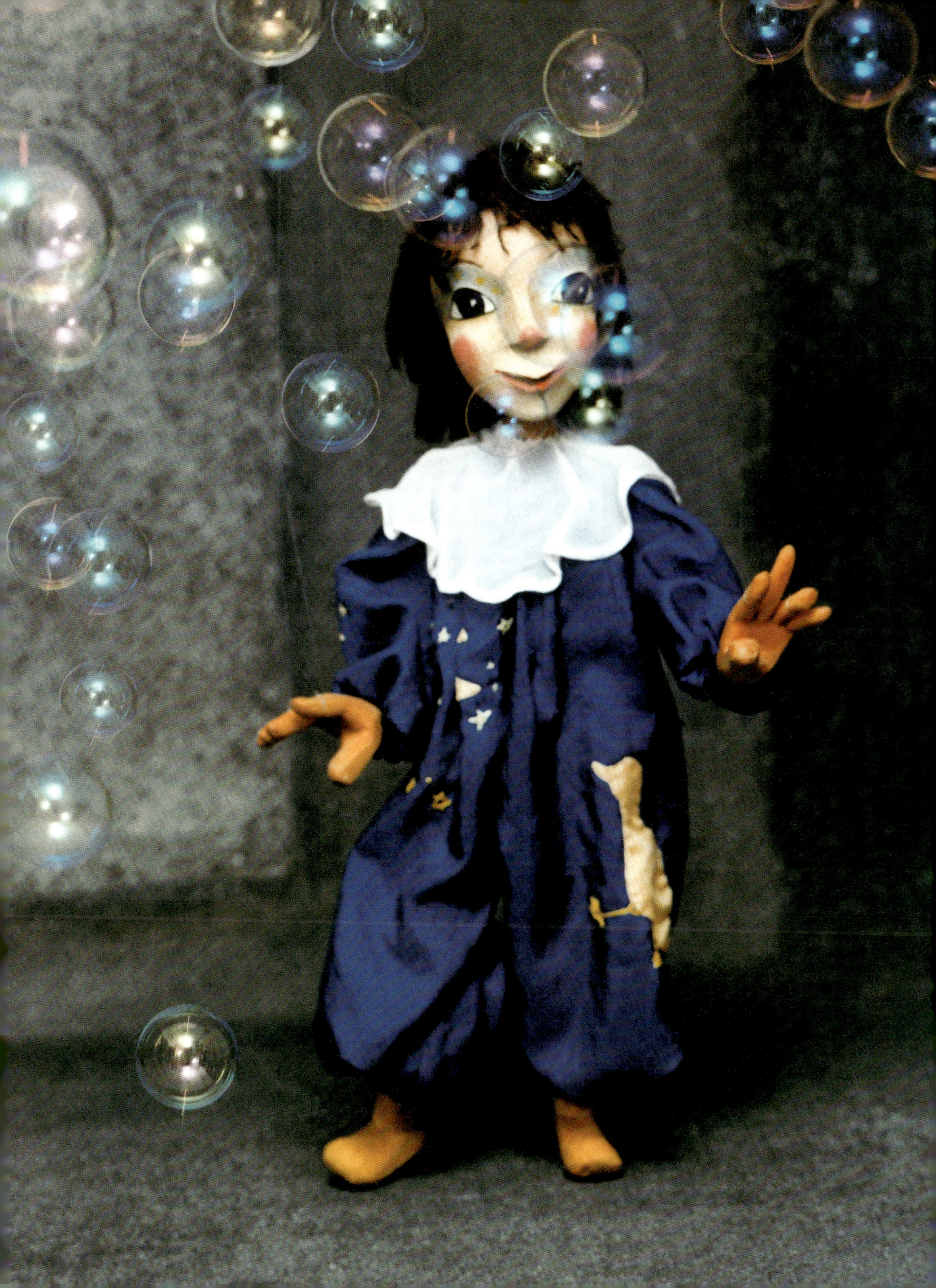

Geschichten ohne Worte Picture strip

Paulchens Unfall mit seinem neuen Lastwagen

Little Paul's accident with his new lorry

Paulchen und Paulinchen: Kinderspiele

Little Paul and Little Pauline; children's games

Hüah, hott, so lauf doch!

Giddy-up! Giddy-up! Come on let's go!

Abendliche Bläserserenade

Evening serenade by the wind section

Die kleine Hexe Mechthilde lernt fliegen

The little witch Mechthilde learns how to fly.

Es war nicht mehr lang bis zur Walpurgisnacht. Zum ersten Mal durfte die Hexe Mechthilde dabei

It wasn't long until Walpurgisnacht. The witch Mechthilde was allowed to be there for the first time,

Sie nahm Entenfedern, Löwenzahn und Lebertran und rührte einen dicken Zauberbrei. Wenn man sich den auf die Nasenspitze streicht ...

She took duck's feathers, dandelion and cod-liver oil and stirred up a thick magic brew. If you stroke yourself on the tip of your nose ...

Der Tanz des Feuerteufels

Der Tanz des Feuerteufels

Dance of the firedevil

Hans Huckebein

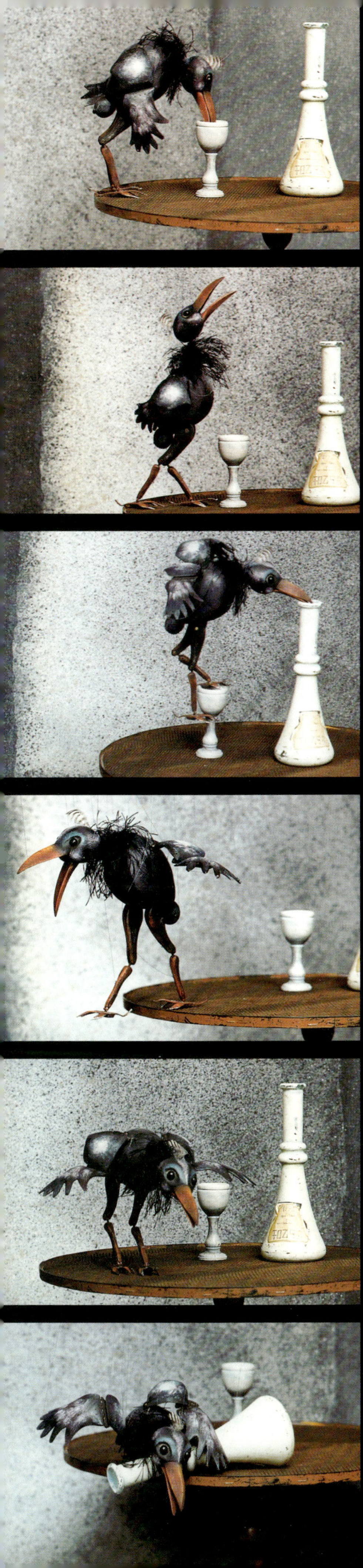
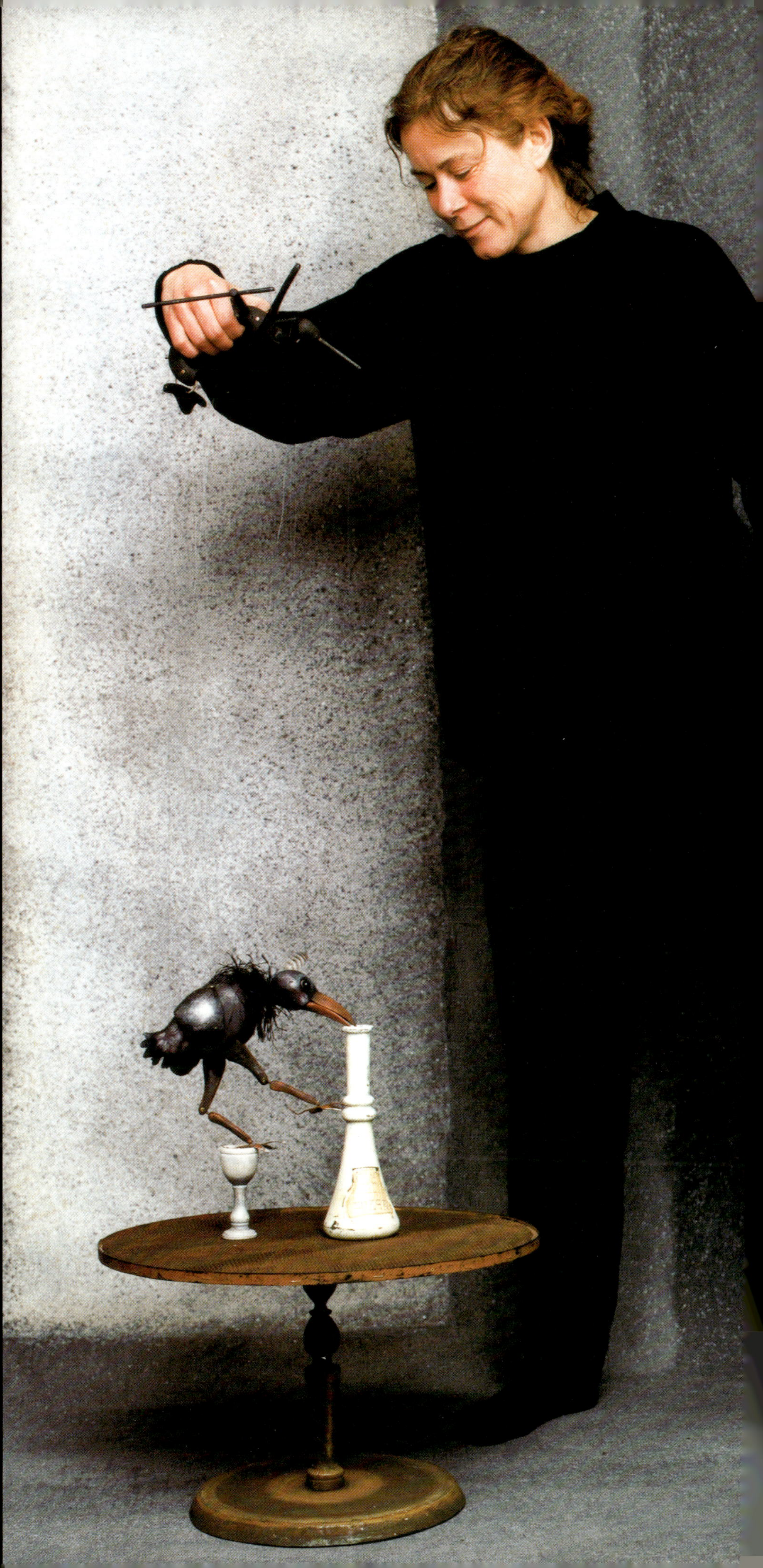

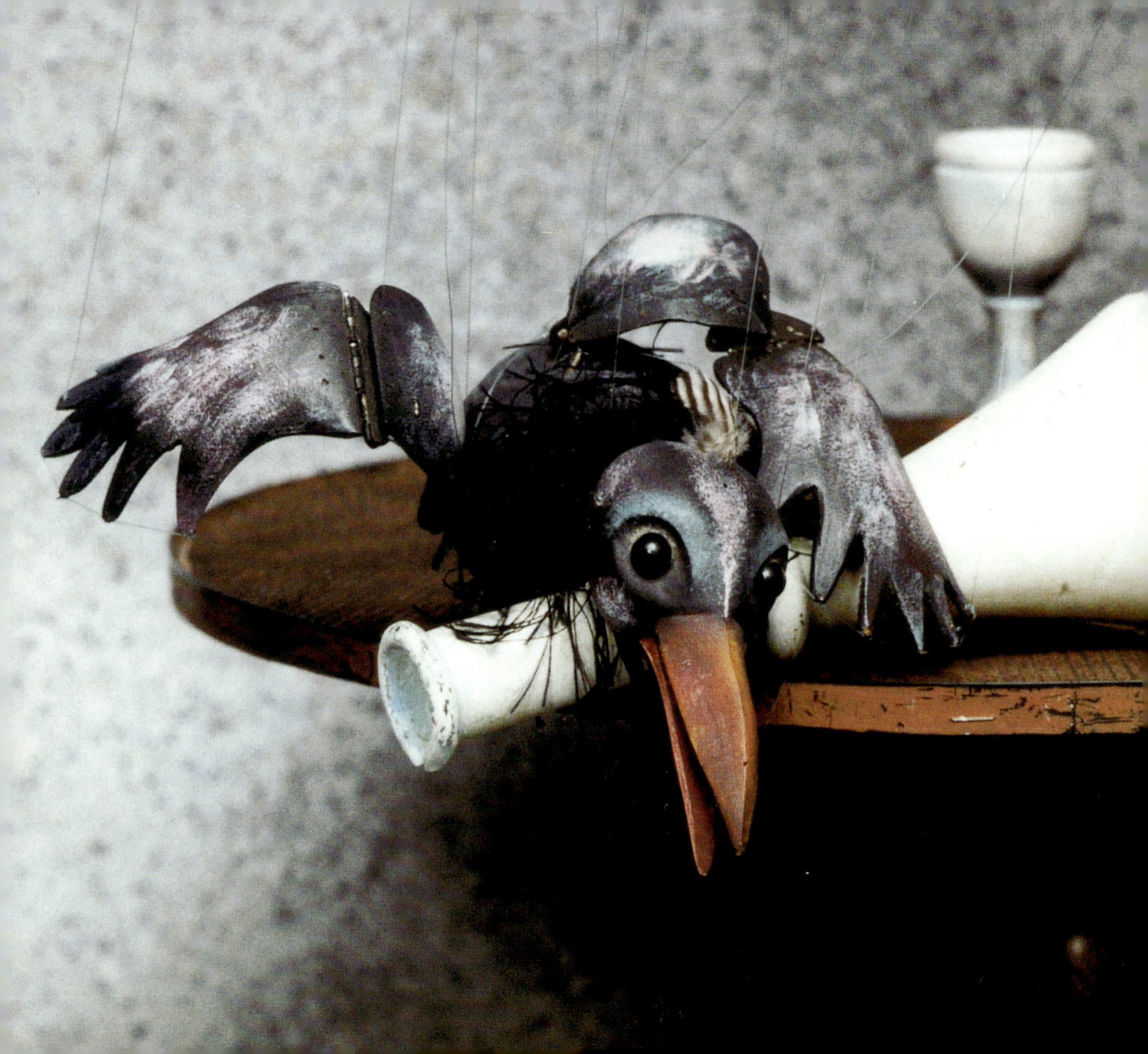

Es war einmal ein Halbdrache, der war ein gar großer Held. Er zog durch die weite Welt und erlebte viele Abenteuer.
Eines Tages kam er an ein großes Wasser. Er wollte hinüber, fand ein Boot und vertraute sich den Wellen an. Diese aber wurden immer höher und wilder ...

Once upon a time there was a half-dragon who was even a great hero. He roved through the big wide world and experienced many adventures. One day he came to a large body of water. He wanted to cross over to the far bank, found a boat and entrusted himself to the waves. However these became ever higher and wilder ...

76

Biographie

Während ihres Studiums, Mitte der siebziger Jahre, lebten die Autoren Marlene Gmelin und Detlef Schmelz in einer Wohngemeinschaft in der Nähe von Marburg. Sie träumten von einem unabhängigen Leben als Selbstversorger und ihr gemeinsames Ziel war, einen Bauernhof zu kaufen, ihn biodynamisch zu bewirtschaften und als Lebensgemeinschaft mit mehreren dort zu wohnen und zu arbeiten. Jeder versuchte auf seine Weise das Geld für den Kauf zu verdienen. Sie stellten beide unter anderem kunsthandwerkliche Marionetten her, wurden aber bald anspruchsvoller und versuchten, Theatermarionetten zu bauen und

Biography

In one's middle seventies during their time at university they shared a flat with others near Marburg. They dreamed of leading an independent life and being self-sufficient growing their own food and their common objective was to buy a farm on which to grow organic produce and to live and work there together with other people. Each one of them tried in his own way to earn the money to buy the farm. They both produced, amongst other things, artistic puppets by hand but soon became more ambitious and tried to make theatre puppets and to play with them. Within a short space of time a puppet theatre developed with a large number of other players and musicians.

Making the figures remained their domain and became more and more of a challenge. Their talents were and are different of course. Marlene's strength is artistic design. Detlef is the tinkerer and technician. However each one of them builds their own figures themselves and calls in assistance from the others as necessary and this is how we learn from one another.

At an exhibition in Schwäbisch Hall for alternative projects they made the acquaintance of Fritz Herbert Bross in 1974, who, as it later turned out, was the eminent authority in the puppet world. He was the artistic manager of Gerhards Marionetten in Schwäbisch Hall.

His personality was a source of great fascination. He saw the puppet as being highly complex. For him it brought together many

damit zu spielen. In kurzer Zeit entwickelte sich ein Marionettentheater mit einer großen Anzahl an Mitspielern und Musikanten.

Der Bau der Figuren blieb ihre Domäne und wurde immer mehr zur Herausforderung. Ihre Begabungen waren und sind natürlich unterschiedlich: Marlenes Stärke ist die künstlerische Gestaltung, Detlef ist der Tüftler und Techniker. Unter Mithilfe des jeweils anderen baut aber jeder seine Figuren selbst und so lernen sie voneinander.

Auf einer Ausstellung in Schwäbisch Hall über alternative Projekte lernten sie 1974 Fritz Herbert Bross kennen – wie sich später zeigte, die Koryphäe auf dem Gebiet der Marionette. Er war der künstlerische Leiter von Gerhards Marionetten, Schwäbisch Hall.

Von seiner Person ging eine große Faszination aus. Er betrachtete die Marionette sehr komplex: Für ihn vereinigten sich in ihr viele Wissensgebiete: bildnerisches Gestalten, Theaterwissenschaften, verschiedenste Handwerke, Mechanik und Technik. Er war zudem ein guter Pädagoge und gern bereit, sein Wissen weiterzugeben. Er bot ihnen eine Ausbildung bei ihm an. Sie konnten sich jedoch noch nicht dazu entschließen, besuchten ihn aber fortan regelmäßig und bekamen viel Unterstützung für den Bau weiterer Marionetten. 1976 starb Fritz Herbert Bross.

Als sich nach einiger Zeit ihre Wohngemeinschaft auflöste, gingen sie für ein Jahr nach Griechenland. Dort hatten sie zwei Esel – und viel Zeit zum Nachdenken.

Bei Gerhards Marionetten hatte Herr Bross unter anderen einen Schüler unterrichtet, Ingmar Kaeser, der sich ausgesprochen intensiv und ehrgeizig mit der Marionette auseinandersetzte. Von Griechenland aus fragten sie an und vereinbarten, bei ihm eine Ausbildung „von der Pike auf" zu machen, so wie Herr Bross es sich vorgestellt hatte: Ausgehend von einer Einfadenfigur, z. B. einer an einem Faden hängenden Kugel, sollten sie sich Schritt für Schritt, bzw. Faden für Faden an die Mehrfadenfigur herantasten. Dazu gehörte auch ein

spheres of knowledge, sculptured figures, theatre mechanics, all sorts of crafts, mechanics and technology. In addition to this he was a good teacher and was happy to pass on his knowledge. He offered to train they. However they still were not able to make up their minds, but from then however they visited him on a regular basis and were given plenty of support in making more puppets. Fritz Herbert Bross passed away in 1976.

When, some time later, their flatmates went their different ways, they went to Greece for a year.

There they had two donkeys and plenty of time for reflection.

Amongst others, Mr. Bross had taught a pupil at Gerhards Marionetten. His name was Ingmar Kaeser, who had set to work with puppets with great commitment and ambition. From Greece they made enquiries and agreed to be trained by him starting with the very basics and working upwards, just as Mr. Bross had advocated. Starting with a single string figure e.g. a sphere suspended by one string, the objective was for us to feel our way forwards step by step, or rather string by string towards a multi-string figure. This also required a study of the theory of colours and shapes, because puppets are characterised by shape, colour and movement. Their training lasted more than three years. At this point in time Gerhards Marionetten was a touring theatre, which only had a few sets ready for performances. In 1982 the theatre acquired its own premises and now it had to bring out new shows within a really short space of time. For this reason old Bross-sets, inter alia, were brought out again. Their responsibility in all this was to replace figures which hadn't been all that successful with new ones. In doing so they had to adopt the Bross-style, of course, and continued to learn – posthumously – a great deal from the outstanding puppet sculptor.

Marlene took over the artistic management and created the stage setting for subsequent

Studium der Farben- und Formenlehre, denn die Marionette definiert sich über Form, Farbe und Bewegung. Ihre Ausbildung dauerte über drei Jahre.

Zu diesem Zeitpunkt waren Gerhards Marionetten ein Tourneetheater, das nur über wenige spielbereite Inszenierungen verfügte. 1982 bekam das Theater ein eigenes Haus und mußte nun innerhalb recht kurzer Zeit neue Stücke herausbringen. Deshalb wurden unter anderem auch alte Bross-Inszenierungen neu herausgebracht. Ihre Aufgabe bestand darin, Figuren, die nicht so gelungen waren, durch neue zu ersetzen. Dabei mußten sie sich natürlich dem Bross-Stil anpassen und haben so – sozusagen posthum – noch viel von diesem hervorragenden Marionettenbildner gelernt.

Für spätere Neuinszenierungen übernahm Marlene die künstlerische Leitung und schuf das Bühnenbild. Gemeinsam bauten sie viele Figuren für dieses Theater. Dabei ergab sich eine Spezialisierung, die bis heute gültig ist: Marlene ist zuständig für die Figuren in menschlicher Gestalt und Detlef für die Tierfiguren. 1990 machten sie sich unter dem Namen „Pendel" selbständig und sind seitdem hauptsächlich als Marionettenbildner tätig. 1991 gründeten sie ein eigenes Tourneetheater mit einem pantomimischen, international verständlichen Szenenprogramm, das sich an Erwachsene und Kinder wendet.

Ihr Zeichen ist eine stilisierte Figur in einem Pendel.

new sets. Together they produced a large number of figures for this theatre. In doing so they specialised and they still adhere to these specialisation's today. Marlene is responsible for the figures in human form, and Detlef for the animal figures. In 1990 they set up by themselves and became independent under the name "Pendel", and since then have mostly worked on making puppets. In 1991 they formed their own touring theatre with a range of internationally understandable pantomime settings appealing to both adults and children.

Their logo is a stylised figure in a pendulum.

Buchauswahl
Verlag Puppen & Spielzeug

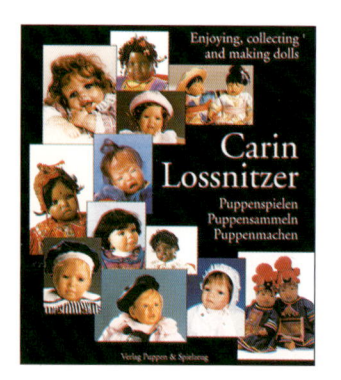

Carin Lossnitzer
Puppenspielen, Puppensammeln, Puppenmachen

Bekannt wurde Carin Lossnitzer mit ihren CARLOS-Puppen, die ersten von Künstlerhand entworfenen, industriell hergestellten Vinylpuppen für Sammler.

64 Seiten, 45 farbige Abbildungen, Format 23,5 cm x 27,5 cm, gebunden, ISBN 3-87463-201-6

– also in english language available –

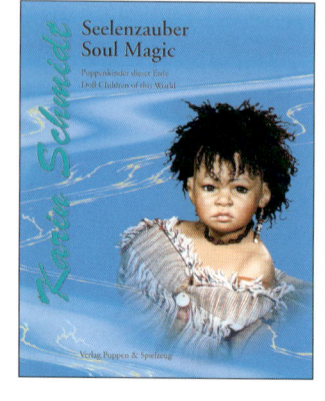

Karin Schmidt
Seelenzauber
Puppenkinder dieser Erde

Die bekannte Puppenkünstlerin Karin Schmidt stellt ihre Puppenkinder aus der ganzen Welt vor, die teils nach lebenden Vorbildern, teils nach eigener Phantasie modelliert sind.

80 Seiten, gebunden, Format 24 cm x 30,5 cm, ISBN 3-87463-250-4

– also in english language available –

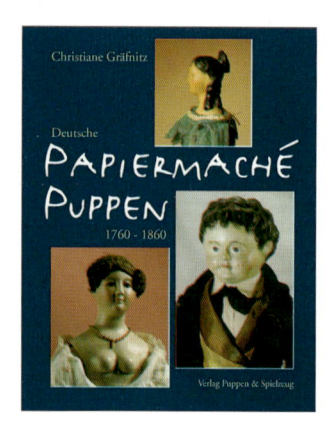

Christiane Gräfnitz
Deutsche Papiermaché Puppen
1760 - 1860

Erstmals wird das faszinierende Gebiet der Puppen aus Papiermaché umfassend dokumentiert. Die Autorin gibt Aufschluß über die Zusammensetzung des Werkstoffes, die Entwicklung des Produktionsprozesses sowie eine Charakteristik der wichtigsten Hersteller und die Merkmale ihrer Puppen.

108 Seiten, zahlreiche farbige und Schwarzweiß-Abbildungen, Format 24,5 cm x 31 cm, gebunden, ISBN 3-87463-206-7

– also in english language available –

Hildegard Günzel
Bezaubernde Puppenreise
Puppen von Hildegard Günzel

Überblick einer faszinierenden Entwicklung von kleinsten Anfängen bis zur bedeutenden Puppendesignerin. Für den Sammler gibt es Überblicke über die erschienenen Puppen.

Zahlr. Farbabb., 116 Seiten, gebunden, Format 24 cm x 30,5 cm, ISBN 3-87463-253-9

– also in english language available –

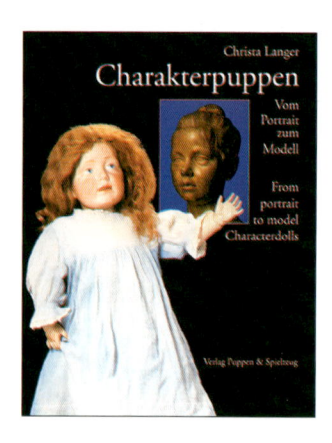

Christa Langer
Charakterpuppen
Vom Portrait zum Modell

Anhand bisher unveröffentlichter Dokumente und neuer Fotos werden die Vorbilder einer ganzen Reihe von Charakterpuppenmodellen bestimmt und die Künstler mit ihrer Arbeit vorgestellt.

108 Seiten, 60 farbige und 50 s/w-Abbildungen, gebunden, Format 24,5 cm x 31 cm, ISBN 3-87463-200-8

– also in english language available –

Gabriele Bothen-Hack / Karin Schrey
Das Puppenparadies
Puppen von 1880 - 1920

Lassen Sie sich vom Teddy „Primus" in das Puppenparadies entführen. Die Autorinnen haben eine wohlgehütete Puppensammlung von musealem Wert entdeckt und stellen diese exquisiten Antikpuppen zum ersten Mal vor.

108 Seiten, 75 farbige Abbildungen, Format 24,5 cm x 31 cm, gebunden, ISBN 3-87463-183-4

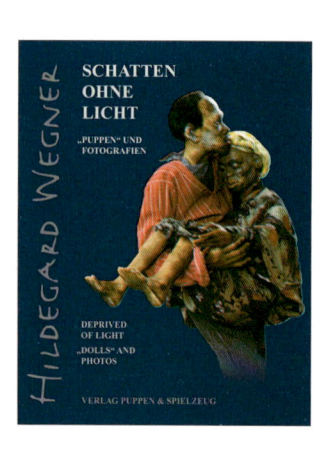

Hildegard Wegner
Schatten ohne Licht
„Puppen" und Fotografien

Das Außer-Gewöhnliche, das sich nicht der Norm anpassen kann oder will, zieht die Aufmerksamkeit und Anteilnahme der Künstlerin Hildegard Wegner an.

72 Seiten, zahlreiche Abbildungen, gebunden, Format 24 cm x 30,5 cm, ISBN 3-87463-240-7

– also in english language available –

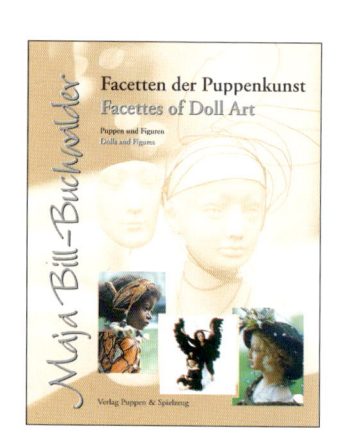

Maja Bill-Buchwalder
Facetten der Puppenkunst
Puppen und Figuren

Dieser Band zeigt die schier unendlichen Facetten ihrer Werke. Kaum ein Material, aus dem Puppen hergestellt werden können, ist ihr fremd: Bevorzugt arbeitet die Künstlerin mit Porzellan. Dennoch experimentiert sie auch mit anderen Materialien wie z.B. Papiermaché, Wachs und Leder.

72 Seiten, zahlreiche Abbildungen, Format 24,5 cm x 30,5 cm, gebunden, ISBN 3-87463-270-9

– also in english language available –

Fordern Sie den Gesamtprospekt an bei: Gert Wohlfarth GmbH, Stresemannstr. 20-22, 47051 Duisburg, Tel. 02 03/3 05 27-0

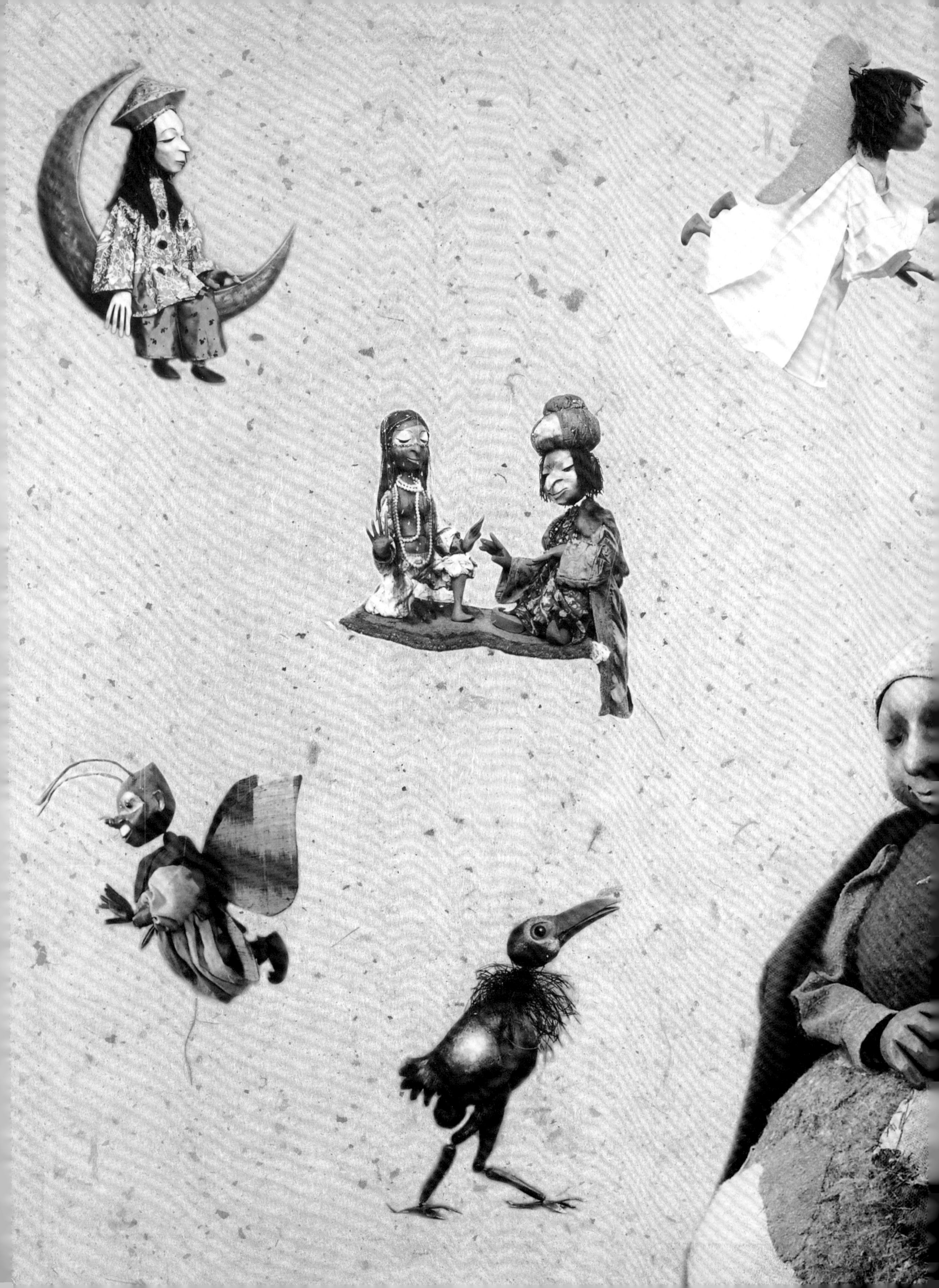